demander a Hoc
prend en fr. + c
traduction de
sur-moi.

LA JEUNESSE DU QUÉBEC EN RÉVOLUTION

ESSAI D'INTERPRÉTATION

LA JEUNESSE DU QUÉBEC EN RÉVOLUTION

ESSAI D'INTERPRÉTATION

par

JACQUES LAZURE

1970

LES PRESSES DE L'UNIVERSITÉ DU QUÉBEC

C. P. 250, Station N, Montréal 129, Canada

Cet ouvrage est publié grâce à une subvention accordée
par le ministère des Affaires culturelles du Québec.

La maquette de la couverture a été réalisée
par Guilbault, Spénard et associés inc.
Les photos proviennent du Centre de documentation
de *La Presse*.

ISBN 0-7770-0023-7
Tous droits réservés © 1970
Les Presses de l'Université du Québec

Dépôt légal — 4ᵉ trimestre 1970
Bibliothèque nationale du Québec

AVANT-PROPOS

Cette étude est la première d'une série d'ouvrages sur la révolution de la jeunesse du Québec. Cinq livres seront publiés dans les trois ou quatre années à venir. Une analyse plus technique et plus élaborée conceptuellement suivra ce présent essai d'interprétation. Puis paraîtra un ensemble de travaux empiriques traitant à tour de rôle de la révolution socio-politique, de la révolution scolaire et de la révolution sexuelle des jeunes du Québec.

Je m'adresse au grand public dans une présentation d'ensemble du sujet. Cet essai veut être le plus simple possible, compte tenu de certaines contraintes de vocabulaire et de pensée. Mon but est d'alerter la conscience intellectuelle et morale de ceux qui auraient le temps et la patience de s'arrêter à cet ouvrage. L'immense charge révolutionnaire que contient présentement la jeunesse du Québec demande qu'on y prête une attention soutenue.

Je remercie tous ceux qui ont collaboré d'une façon ou de l'autre à la rédaction de cet ouvrage, en particulier Lisette Jalbert qui m'a prêté son concours précieux dans les dernières étapes de la préparation du manuscrit. Ma gratitude s'adresse tout spécialement à Jeannine Martin dont la collaboration fut magnifique tout le long de cette marche ardue vers la saisie d'une réalité aussi mouvante et aussi complexe que celle de la révolution de la jeunesse québécoise.

INTRODUCTION

Le présent ouvrage n'entend pas être une étude empirique comme telle du phénomène social québécois que j'appelle la révolution de la jeunesse. Bien sûr, l'analyse présentée ici s'appuiera sur de nombreuses recherches empiriques réalisées par d'autres ou par moi-même. Mais il ne s'agira pas, comme objectif principal, de les décortiquer en elles-mêmes pour en analyser le contenu en détail et en juger la force ou la faiblesse méthodologique. Elles serviront plutôt à étayer dans les faits, ne serait-ce que provisoirement, une interprétation générale du sens qu'il faut accorder à la révolution qui s'opère actuellement chez les jeunes du Québec.

Tout au cours de cette étude, se dégagent des hypothèses nombreuses, prêtes à se faire conceptualiser de façon opératoire et à servir ainsi directement à de nouvelles recherches empiriques. Mais ces hypothèses-là tournent toutes autour d'un noyau central de pensée qui se trouve ainsi à en faire l'unité et la cohérence, au sein même de leur diversité.

L'élément principal de ce noyau de pensée réside dans la dynamique actuelle qui soulève les jeunes du Québec et provoque en eux des changements de type révolutionnaire. Parler de simples transformations au caractère plus ou moins transitoire et superficiel, utiliser à ce sujet uniquement les concepts de réforme ou d'évolution, ne serait pas suffisant. Il s'agit bel et bien d'une révolution, au sens le plus authentique du terme !

Le concept de révolution est trop spontanément entaché d'un jugement de valeur dépréciatif, quand il n'évoque pas le spectre de la terreur. D'instinct, on a peur de la révolution et on lui attribue à peu près tous les maux de l'espèce humaine. On croit qu'elle va nécessairement entraîner à sa suite tout un long cortège de souffrances, de misères et de calamités. Surtout, on craint fortement qu'elle ne détruise, par sa venue, toutes les valeurs et les richesses sur lesquelles on se reposait jusqu'ici et auxquelles souvent on demeure encore profondément attaché.

Pourtant, les révolutions ne germent pas du néant. À travers même les craquements formidables de la société qu'elles provoquent et les transformations radicales qu'elles suscitent, elles restent souvent, pour qui sait les percevoir avec sagacité, en continuité profonde et vitale avec les valeurs les plus riches de la tradition. En un sens, toute révolution est autant un retour aux sources qu'une brisure tragique avec le présent et le passé. En même temps qu'elle projette avec force les individus et les sociétés vers des horizons inconnus et troublants, elle les ramène secrètement au plus creux et au meilleur d'eux-mêmes, pour leur faire découvrir de nouveau les valeurs qu'ils avaient négligées ou même reléguées dans les plis les plus profonds de leur inconscient.

C'est exactement ce qui se produit actuellement au Québec avec la jeunesse. Elle est en pleine révolution, c'est-à-dire qu'elle entend rompre radicalement, même brutalement, avec une société qui ne l'intéresse plus, dont elle aperçoit et dénonce les nombreuses turpitudes. En même temps, sans le savoir, elle revient par la révolution à ce qu'il y a de plus vrai et de plus riche dans la société québécoise. La suite de cet ouvrage tentera, en effet, de montrer la continuité profonde de la révolution des jeunes avec les aspirations les plus fondamentales et les plus stables du Québec.

Mais cette révolution de la jeunesse est à la fois une et triple. Elle se manifeste surtout dans les domaines socio-politique, scolaire et sexuel. Dans sa diversité, elle se présente toutefois comme les simples facettes d'un mouvement révolutionnaire empoignant tout l'être collectif de la jeunesse et l'affectant dans toutes ses dimensions. La révolution socio-politique transforme radicalement le sur-moi des jeunes. La révolution scolaire bouleverse leur moi. La révolution sexuelle fait exploser les forces de leur ça. En définitive, elle concerne tout l'être de la jeunesse, de son inconscient le plus ténébreux jusqu'à ses idéaux les plus nobles, en passant par sa conscience la plus éveillée.

Cela revient à dire que la révolution de la jeunesse québécoise possède un caractère global, compréhensif. C'est le sens particulier que j'attribue à cette révolution, lorsque je la qualifie de « culturelle ». Elle rejoint tous les éléments les plus significatifs de la personnalité individuelle et collective des jeunes. Elle touche à la fois leur ça, leur moi et leur sur-moi.

Elle le fait, d'ailleurs, à l'intérieur d'un mouvement d'interdépendance très étroite et très organique entre le ça, le moi et le sur-moi des jeunes. Autant dire que la révolution sexuelle, la révolution scolaire, la révolution socio-politique de la jeunesse du Québec sont très intimement liées et se nourrissent mutuellement, dans un échange fréquent et serré de rapports réciproques. Concrètement, aucune de ces révolutions particulières ne saurait exister toute seule. Elles s'appellent toutes l'une l'autre. Les trois révolutions de la jeunesse québécoise n'en font donc à proprement parler qu'une seule, à triple dimension. Certes, chacune d'elles possède ses caractères propres et sa dynamique interne. Mais elles concourent ensemble et par animation réciproque à n'en former qu'une seule: la révolution culturelle de la jeunesse du Québec.

Toutefois, cette révolution est culturelle, principalement parce qu'elle est socio-politique. Dans ce jeu incessant de relations mutuelles qui s'y nouent, la révolution politique, en effet, m'apparaît jouer le rôle de chef d'orchestre. C'est elle qui donne le ton, bat la mesure, coordonne les rapports réciproques et insuffle la vie, l'enthousiasme, l'unité à toute cette orchestration « révolutionnaire ». La triple révolution en arrive finalement à s'unifier autour de la révolution socio-politique, donc autour de la révolution du sur-moi des jeunes du Québec.

L'évocation des catégories du ça, du moi et du sur-moi laisse entendre que cette étude utilisera dans une bonne mesure un schéma freudien d'analyse. La pensée de Freud, en effet, me semble d'application particulièrement féconde en ce qui touche l'interprétation du fait révolutionnaire dans la jeunesse du Québec. Elle permettra à la fois de s'attacher aux dimensions essentiellement sociales et collectives de ce phénomène, sans omettre pour autant les aspects psychologiques et intérieurs qui s'y trouvent réellement et par lesquels il devient possible de rejoindre les individus, ceux qui, en définitive, représentent les moteurs premiers d'une telle révolution.

La jeunesse est une donnée sociale extrêmement complexe et difficile à définir. Vu qu'il ne s'agit pas ici d'une étude empirique, il ne m'apparaît pas nécessaire d'en fournir une définition opératoire. Je m'en tiendrai plutôt au sens usuel, à la fois simple et diversifié, que lui donne le langage courant, lorsqu'il parle de la jeunesse.

CHAPITRE PREMIER

UN SCHÉMA FREUDIEN D'ANALYSE

Il est difficile d'évaluer avec précision l'influence exercée par Freud sur la société nord-américaine. Elle paraît être considérable, en particulier aux États-Unis. Cette influence ne se limite pas au seul domaine de la thérapeutique; elle a envahi, depuis déjà plusieurs décades, le champ de la pensée et de la recherche scientifiques. Si les premiers disciples de Freud ont appliqué sa théorie et sa méthode surtout à des travaux concernant la psychologie individuelle, c'est parce qu'une telle orientation ne faisait, en réalité, que suivre la voie déjà tracée par le maître.

Par ailleurs, il serait inexact d'affirmer que la pensée de Freud n'admet aucune place à l'examen de facteurs sociaux susceptibles de conditionner ou même de déterminer la genèse et le développement de la psychologie individuelle. Il n'est pas question, ici, de m'engager dans la controverse qui s'est élevée à propos de Freud et de l'importance qu'il accorde au social dans sa théorie et sa méthode. Qu'il suffise de mentionner que, pour lui, la psychologie individuelle, dans ses données conscientes ou inconscientes, ne se construit pas dans le vide : elle est, au contraire, sans cesse en interaction avec le milieu ambiant, surtout la famille. Un seul texte, bien connu mais insuffisamment exploité jusque dans ses dernières conséquences, le révélera bien clairement.

Certes la psychologie individuelle est orientée vers l'individu et recherche par quels moyens ce dernier s'efforce d'atteindre la satisfaction de ses motions pulsionnelles, mais ses recherches ne la mènent que rarement, et seulement sous certaines conditions exceptionnelles, à faire abstraction des relations entretenues par cet individu avec les autres. Dans la vie psychique de l'individu, autrui entre en ligne de compte très régulièrement, comme modèle, comme objet, comme auxiliaire, comme adversaire; ainsi d'emblée la psychologie individuelle est en même temps psychologie sociale, dans ce sens élargi mais tout à fait justifié [1].

On n'a pas alors à se surprendre que, très tôt, on ait utilisé la pensée de Freud dans une perspective scientifique beaucoup plus sociale que celle qu'il a lui-même adoptée. Karen Horney, Abram Kardiner, Franz Alexander, Erich Fromm en sont, parmi tant d'autres, des témoins irrécusables. De forts courants de la psychologie sociale, surtout américaine, se sont largement inspirés de la psychanalyse freudienne. On n'a qu'à penser, par exemple, aux différentes techniques de projection employées par Rorschach, Murray et bien d'autres chercheurs. L'anthropologie sociale, elle aussi, s'est servie des catégories de la pensée freudienne et s'est essayée à comprendre l'univers culturel des peuples dits primitifs à l'aide d'un schéma freudien [2].

PENSÉE FREUDIENNE ET SOCIOLOGIE

On assiste actuellement à un rapprochement très net entre le freudisme et l'étude sociologique de phénomènes sociaux contemporains tels que les mouvements de rébellion, de violence et de révolution, la contestation étudiante, la répression sous toutes ses formes, la consommation et la culture de masse, etc. Un penseur aussi lucide et prestigieux qu'Herbert Marcuse, même s'il est plus philosophe que sociologue, a largement contribué à démontrer le profit que peut retirer la sociologie d'une utilisation critique, dans ses analyses, de la pensée freudienne [3]. Des sociologues comme Georges Lapassade et René Loureau parlent même, par analogie avec la psychanalyse, d'une « socianalyse » comme d'une nouvelle approche, du ressort à la fois du diagnostic et de la

1. Cet extrait de Freud, tiré de son *Psychologie de groupe et analyse du Moi*, est cité par Erich Fromm dans la revue *l'Homme et la Société*, n° 11, janvier-mars 1969, p. 22.
2. Mentionnons les œuvres bien connues de Malinowski, Clyde Kluckhohn, Ruth Benedict et Margaret Mead.
3. Herbert Marcuse, *Eros et civilisation*, Paris, Ed. de Minuit, 1963 ; *l'Homme unidimensionnel*, Paris, Ed. de Minuit, 1968 ; *la Fin de l'utopie*, Neuchâtel, Delachaux et Niestlé, Paris, Seuil, 1968 ; *Vers la libération*, Paris, Ed. de Minuit, 1969.

thérapie, à l'examen des institutions et des mouvements sociaux. Deux études récentes viennent de paraître, publiées par Gérard Mendel [4] et André Stéphane [5]; elles se veulent toutes deux, de façon fort brillante par ailleurs, des essais de socio-psychanalyse. La revue sociologique *l'Homme et la Société* présentait, au début de 1969, un numéro spécial, intitulé « Freudo-marxisme et sociologie de l'aliénation », où on tentait d'établir des liens serrés entre une perception freudienne de la personne humaine et une vision marxiste de la société [6].

Toutes ces manifestations de pensée scientifique montrent bien la tendance qui s'accuse de plus en plus, soit chez le psychanalyste, de prolonger sa recherche sur le terrain de la sociologie, soit chez le sociologue, de creuser sa démarche jusque dans les profondeurs de la psychanalyse.

À cet égard, il serait inopportun pour les fins de ce volume de pénétrer jusqu'au cœur du débat qui s'est livré jadis entre Erich Fromm [7] et Wilhelm Reich [8]. Le premier soutient la possibilité d'une psychologie sociale (appelée aussi psycho-sociologie) psychanalytique. Elle pourrait même se développer dans le cadre du matérialisme historique de Marx [9]. Le deuxième avance, pour sa part, « que l'application de la méthode psychanalytique aux problèmes de la sociologie et de la politique s'achève nécessairement dans une sociologie métaphysique, psychologisante et de plus réactionnaire [10] ». Cependant, il n'en admet pas moins la possibilité d'une psychologie sociale de type marxiste, qui résulterait d'une application en sociologie et en politique des résultats de la psychanalyse clinique [11].

4. Gérard Mendel, *la Révolte contre le père, une introduction à la socio-psychanalyse*, Paris, Payot, 1968.
5. André Stéphane, *l'Univers contestationnaire ou les nouveaux chrétiens, étude psychanalytique*, Paris, « Petite Bibliothèque Payot », n° 134, 1969.
6. « Freudo-marxisme et sociologie de l'aliénation », dans *l'Homme et la Société*, n° 11, janvier-mars 1969. Voir aussi R. Kalivoda, « Marx et Freud », dans *l'Homme et la Société*, n° 7, janvier-mars 1968, p. 99-114 et n° 8, avril-juin 1968, p. 135-147.
7. Erich Fromm, « Tâche et méthode d'une psychologie sociale analytique », dans *l'Homme et la Société*, n° 11, janvier-mars 1969, p. 19-35.
8. Wilhelm Reich, « l'Application de la psychanalyse à la recherche historique », *ibid.*, p. 7-17.
9. Erich Fromm, « Tâche et méthode d'une psychologie sociale analytique », dans *l'Homme et la Société*, n° 11, janvier-mars 1969, p. 29-30.
10. Wilhelm Reich, « l'Application de la psychanalyse à la recherche historique », dans *l'Homme et la Société*, n° 11, janvier-mars 1969, p. 17.
11. Wilhelm Reich, *ibid.*, p. 17.

Quoi qu'il en soit de cette controverse plutôt académique, mon propos ici n'est pas de prendre position pour l'un ou l'autre des opposants. Je me borne à enregistrer le fait de ce débat, pour bien signifier l'importance qu'on attribue, à l'heure actuelle, aux rapports entre la psychanalyse et la sociologie et pour justifier ainsi, dans une certaine mesure, les emprunts que je fais à la psychologie freudienne.

Malgré ces références, ces emprunts à la pensée freudienne, je refuse à laisser enfermer mon étude dans des catégories ou dans des classifications qui feraient dire d'elle qu'elle relève de la socio-psychanalyse ou de la socio-analyse, ou même de la psychologie sociale psychanalytique, d'obédience marxiste ou non.

Tout ce que je veux souligner et faire comprendre, c'est qu'il peut être fécond d'appliquer, à la suite de plusieurs autres penseurs, certains éléments du schéma freudien à l'étude d'un phénomène sociologique. En l'occurrence, il s'agit d'analyser la triple révolution sexuelle, scolaire et socio-politique de la jeunesse québécoise, en m'aidant des trois aspects du ça, du moi et du sur-moi qui composent, d'après Freud, la texture de la personne humaine. La réalité sexuelle de la jeunesse québécoise représente le ça de sa vie, la réalité scolaire, son moi et la réalité socio-politique, son sur-moi.

LE ÇA, LE MOI ET LE SUR-MOI DE FREUD

Avant d'expliquer les raisons qui me poussent à identifier le côté sexuel des jeunes Québécois au ça de leur personnalité, le côté scolaire à leur moi et le côté socio-politique à leur sur-moi, il serait bon de faire un bref rappel de la pensée de Freud sur le sens des distinctions qu'il opère entre ces trois aspects de la personnalité humaine, de même que sur celui de leur interdépendance [12].

Dans la vision freudienne de l'homme, le ça est vraiment fondamental. C'est le lieu originel et par excellence de l'inconscient. Il constitue le réservoir d'instincts ou de pulsions vitales, à la source du dynamisme humain et qui l'alimentent sans cesse. Le ça n'est pas une mare stagnante dans laquelle végètent passivement toutes sortes

---

12. Voir surtout, parmi les œuvres de Freud, *Trois essais sur la théorie de la sexualité ; Introduction générale à la psychanalyse ; Totem et Tabou ; Psychologie de groupe et analyse du Moi ; le Moi et le Ça ; l'Avenir d'une illusion ; Malaise de la civilisation.*

d'instincts ou de passions innommables. C'est plutôt une source active d'énergie et de vitalité, qui sourd des profondeurs de l'inconscient et qui propulse sans cesse l'homme vers la réalisation de son être par la satisfaction de ses besoins et de ses désirs fondamentaux.

Cette énergie vitale, cette force motrice se compose, en gros, de deux genres de pulsions : les pulsions d'autoconservation et les pulsions sexuelles ou libidinales [13]. Les premières visent à garantir l'identité de l'être humain et son maintien dans l'existence ; les secondes assurent le développement de l'homme par la recherche, non seulement du plaisir sexuel entendu dans le sens de génital, mais aussi de gratifications de tout ordre. C'est là le sens général qu'il faut attribuer à la pulsion sexuelle ou à la « libido », chez Freud : elle équivaut, en fait, à un pouvoir vital qui déclenche dans l'individu un besoin ou un désir de se procurer du plaisir, qu'il soit spécifiquement sexuel ou autre. D'où l'on voit qu'en définitive, ce qui régit d'abord et avant tout le dynamisme du ça, c'est le « principe de plaisir », la primauté de l'Éros.

En opposition au « principe de plaisir » intervient le « principe de réalité » qui se situe, lui, à un autre niveau de la personnalité. Nous entrons ici de plain-pied dans la sphère du moi. Elle se caractérise par l'activité consciente de l'individu qui, par le truchement de son corps et de ses sens, prend contact avec la réalité extérieure, l'observe, l'enregistre et l'assimile. Le moi fait le pont entre la vie psychique de l'individu et le monde extérieur. Il signifie l'organisation cohérente et structurée, à l'intérieur de l'individu, de toutes les données recueillies à l'extérieur par le moyen des mécanismes de perception sensorielle et intellectuelle. Le moi permet l'adaptation de l'individu aux réalités courantes, de même qu'il lui rend possible une certaine maîtrise de son environnement. Voilà pourquoi le moi se trouve soumis, pour ainsi dire, au « principe de réalité », par opposition au ça où triomphe le « principe de plaisir ».

13. La position adoptée ici est celle que Freud prôna jusqu'en 1920. A partir de cette date, avec la publication d'une monographie intitulée *Au-delà du principe du plaisir*, Freud révisa son hypothèse primitive et ajouta à l'instinct de conservation, l'instinct de destruction, aux pulsions de vie, les pulsions de mort. Eros se vit compléter par Thanatos. Cette évolution de la pensée de Freud a donné lieu à de multiples discussions et controverses qui n'ont pas encore été vidées. A cause du caractère plus spéculatif de la seconde position de Freud, nous préférons, avec Fromm (cf. article cité, dans *l'Homme et la Société*, nº 11, janvier-mars 1969, p. 19, note 2), nous en tenir à la première hypothèse de Freud.

Le moi et le ça évoluent souvent en état de conflit et de dissension interne. Les mouvements du ça poussent à rechercher telle ou telle forme de plaisir ; l'action du moi y fait contrepoids, peut les différer, les transformer, les sublimer, ou même tout bonnement les refouler énergiquement dans la sphère de l'inconscient. Le moi, sous l'influence du monde extérieur avec lequel il entre en communication, mène donc une activité d'organisation du psychisme de l'individu qui entraîne de constantes répercussions et des contrecoups incessants sur les forces inconscientes du ça. Par ailleurs, celles-ci pèsent continuellement sur le moi, lui font vivre toutes sortes de sentiments de plaisir ou de déplaisir et l'obligent à jouer le rôle étourdissant et souvent aussi angoissant d'un prestidigitateur à la fois de la réalité externe et des pulsions vitales internes.

Si, au-dedans de l'individu, le moi représente la réalité du monde extérieur, le sur-moi, lui, y réfléchit le monde intérieur du ça, mais à un niveau supérieur de l'activité psychique. Il agit ni plus ni moins comme le haut tribunal, l'arbitre suprême du moi. Fromm l'appelle l'« instance des actions conformes au devoir [14] ». Le sur-moi, c'est la « reprise à l'intérieur de soi, à un niveau inconscient [15] » (Freud appelle cela de l'« introjection »), de normes de conduite, d'idéaux, ou même d'idéologies empruntés aux parents et, par eux, à la société. Le sur-moi devient alors le censeur, le critique « moral » du moi, avec lequel il se confronte et entre souvent en conflit. C'est l'image idéale du moi [16], où viennent se loger les sentiments de devoir, de moralité, de culpabilité, contre lesquels se butent les activités conscientes du moi.

Selon Freud, le sur-moi doit son origine aux relations affectives entre l'enfant et ses parents. Il se trouve ainsi relié, de manière étroite, aux pulsions instinctuelles du ça, dont il représente comme une transposition supérieure et plus raffinée, au niveau des règles de conduite et des idéaux. C'est ce qui explique qu'à l'instar du ça, le sur-moi relève beaucoup plus de l'inconscient que le moi.

---

14. Erich Fromm, article cité, dans *l'Homme et la Société*, n° 11, janvier-mars 1969, p. 19, note 1.
15. David Stafford-Clark, *Ce que Freud a vraiment dit*, traduit de l'anglais par Léo Dilé, Paris, Stock, 1965, p. 125.
16. Gérard Mendel, *op. cit.*, semble établir une distinction claire entre l'idéal du moi, de caractère positif, et le sur-moi, essentiellement négatif. Pour notre part, nous aimons mieux concevoir le sur-moi comme englobant l'idéal du moi, donc comme affichant des traits, tantôt positifs, tantôt négatifs.

D'ailleurs, le sur-moi est en évolution et en transformation continuelle. S'il procède originellement d'une identification de l'enfant avec son père [17], il devient par la suite soumis aux influences de toutes les personnes ou institutions qui, dans la société, prolongent l'image et la fonction de l'autorité paternelle. C'est ainsi, par exemple, que les maîtres à penser ou les chefs politiques peuvent avoir leur mot à dire dans l'évolution concrète du sur-moi de leurs disciples ou de leurs sujets. Nous nous trouvons en face, ici, d'une dimension nettement sociale et politique du sur-moi dans sa forme et dans son contenu.

LA TRIPLE RÉVOLUTION DES JEUNES ET LE ÇA, LE MOI ET LE SUR-MOI

Ces quelques explications suffisent à bien nous situer sur le sens des distinctions qui existent entre le ça, le moi et le sur-moi. Il reste à rattacher ces trois aspects de la personnalité à la triple révolution sexuelle, scolaire et socio-politique de la jeunesse québécoise.

Dans l'étude présente, la sexualité des jeunes Québécois est considérée comme le ça de leur vie psychique et de leur personnalité. Elle représente la source profonde et dynamique de leurs désirs, de leurs besoins, de leurs aspirations. C'est le moteur secret et puissant de leur soif d'identité et de leur goût de vivre. Évidemment, comme je l'ai noté plus haut, la sexualité en tant que telle n'épuise pas toutes les richesses et toutes les forces du ça. Elle n'en constitue pas moins une partie extrêmement importante et c'est précisément la raison pour laquelle la sexualité des jeunes Québécois est envisagée ici sous l'optique du ça freudien.

La vie scolaire de la jeunesse québécoise, les perceptions du réel extérieur qu'elle y entraîne, les représentations collectives qui s'en dégagent, les attitudes qu'elle y suscite, correspondent, dans une large mesure, au moi freudien et aux fonctions qu'il remplit dans le développement de la personnalité. Comme le moi qui établit la jonction entre le ça et le monde extérieur, l'activité scolaire des jeunes du Québec

---

17. Gérard Mendel, *op. cit.,* et Erich Fromm, « le Modèle de l'homme chez Freud et ses déterminants sociaux », dans *l'Homme et la Société,* n° 13, juillet-septembre 1969, p. 111-125, ont bien montré que Freud n'avait pas suffisamment insisté sur le rôle de la mère dans la genèse et dans la formation du sur-moi. Selon Fromm, cette lacune de Freud vient de sa conception victorienne et patriarcale de l'homme.

opère la liaison, soit positive, soit négative, de leurs forces sexuelles avec la réalité concrète du monde dans lequel ils vivent. Le moi systématise consciemment les représentations sensorielles, imaginatives et intellectuelles du monde externe ; la vie scolaire des jeunes Québécois leur fait prendre conscience des conditions réelles dans lesquelles ils se meuvent et contribue à l'édification méthodique de leur univers mental quotidien. Le moi, aidé d'ailleurs du sur-moi, transforme, canalise, sublime ou refoule les poussées vitales du ça ; le monde scolaire des jeunes Québécois exerce substantiellement les mêmes fonctions vis-à-vis de leurs tendances sexuelles.

Quant à l'univers socio-politique des jeunes du Québec, il se présente à mes yeux comme le sur-moi de leur être collectif et de leur personnalité. Les idéologies sociales, économiques et politiques qu'ils embrassent et professent, les systèmes de valeurs et d'idéaux auxquels ils se réfèrent, les leaders qu'ils acceptent ou repoussent, les schémas de comportement qu'ils endossent, entrent en jeu comme autant de composantes de leur sur-moi, par lesquelles celui-ci se trouve en dialectique constante avec le ça de leur sexualité et le moi de leur univers scolaire. Comme le sur-moi qui gouverne le moi et le ça, le monde socio-politique des jeunes Québécois oriente et dirige leurs visées scolaires de même que leurs énergies sexuelles.

Le ça, le moi et le sur-moi sont inextricablement liés dans un réseau serré de rapports mutuels et forment ensemble la trame infrangible de la dynamique consciente et inconsciente d'une personne en voie de réalisation et de dépassement. De la même manière, la sexualité, la vie scolaire et l'univers socio-politique de la jeunesse québécoise, qui s'imbriquent et se compénètrent, m'apparaissent indissolublement entremêlés. C'est peut-être là un des fruits les plus riches qui peuvent provenir de l'application de ce schéma freudien à la question de la jeunesse québécoise. On pourra y voir comment ces trois aspects sexuel, scolaire et socio-politique s'éclairent l'un l'autre, se conditionnent et s'influencent continuellement. L'analyse détaillée de l'un appelle nécessairement celle des deux autres. La vision de la jeunesse québécoise sous l'angle de cette optique freudienne devient presque forcément globale et compréhensive. Les trois réalités sexuelle, scolaire et socio-politique se tiennent organiquement et se rejoignent, sans pour autant se confondre, dans les profondeurs de la vie collective et individuelle des jeunes Québécois.

Il n'est pas question, pour autant, de présenter cette jeunesse comme un bloc monolithique, où l'on ne pourrait discerner aucune nuance ou différence. Au contraire, la jeunesse du Québec est un monde bigarré, aux mille et une facettes, où les tendances et pulsions, les attitudes mentales, les états affectifs, les valeurs et idéologies, les activités externes se diversifient grandement et se distribuent inégalement. Les chapitres suivants montreront le caractère composite de cet univers grouillant. Le fait d'utiliser les catégories du ça, du moi et du sur-moi en rapport avec le sexuel, le scolaire et le socio-politique ne devrait pas, ce me semble, empêcher une compréhension subtile et nuancée du phénomène de la jeunesse québécoise. Car, en définitive, même si le sexuel, le scolaire et le socio-politique sont examinés dans leur dynamique réciproque, cela n'implique pas que le contenu de cette dynamique se retrouve le même partout, chez tous les jeunes. Pas plus d'ailleurs que le ça, le moi et le sur-moi, malgré leur interaction continuelle dans le psychisme de tous les individus, n'y produisent infailliblement les mêmes résultats. En somme, il s'agit ici d'appliquer, dans un effort heuristique, une forme logique de connaissance, un instrument méthodologique général, sans préjuger par le fait même des contenus qui en résulteraient et des nuances qui pourraient en découler.

Un autre avantage peut, du reste, justifier l'emploi des catégories du ça, du moi et du sur-moi. C'est celui, évoqué à quelques reprises ici et là, d'une perspective à la fois dynamique, dialectique et historique, dans l'examen de la réalité sociologique des jeunes Québécois. Il est impossible, en effet, de tenter d'élucider les rapports entre le ça, le moi et le sur-moi, sans se placer d'emblée dans une optique : 1° de mouvement, de changement, d'action continuelle entre ces trois univers ; 2° de changement, non graduel et toujours dans le même sens (changement unilatéral), mais par voie d'opposition, de tension, de contraste, de dialectique ; 3° de mouvement sans cesse lié au destin concret et particulier que rencontrent, dans le détail de chaque jour, le ça, le moi et le sur-moi, de mouvement donc inévitablement lié à leur processus historique. À cet égard, Fromm a bien raison d'avancer que la méthode psychanalytique « est donc une méthode essentiellement historique : elle exige que la structure pulsionnelle soit comprise à partir [il faudrait y ajouter : et au travers] du destin d'une existence [18] ».

---

18. Erich Fromm, « Tâche et méthode d'une psychologie sociale analytique », dans *l'Homme et la Société*, n° 11, janvier-mars 1969, p. 20.

Cette étude sur la jeunesse québécoise vise à souligner le caractère profond, radical même, des changements qui s'opèrent en elle présentement. Voilà pourquoi j'emploie l'épithète « révolutionnaire » pour qualifier une telle transformation. En fait, l'équilibre relatif qui s'était réalisé autrefois dans la société québécoise entre son ça, son moi et son sur-moi, et dont avait hérité la jeunesse, est en passe de se rompre brutalement, surtout chez celle-ci. Sa sexualité, sa vie scolaire, son univers socio-politique, en plus de changer de contenu souvent de façon sérieuse, sont en perpétuelle instabilité et entretiennent fréquemment des rapports en dents de scie. Les exigences respectives du ça, du moi et du sur-moi peuvent difficilement se concilier dans ce contexte. Voilà pourquoi le comportement des jeunes est si souvent jugé par les adultes comme incorrect et souvent même comme odieux. Car, ainsi que l'affirme David Stafford-Clark en expliquant la pensée de Freud, « est considéré comme correct tout comportement du moi qui satisfait à la fois les exigences du ça, du sur-moi et de la réalité, ce qui se produit quand le moi réussit à concilier ces diverses exigences [19] ». En réalité, la révolution qui est en train de se produire chez les jeunes procède tout autant, sinon plus, d'un réaménagement des rapports respectifs de leur ça, de leur moi et de leur sur-moi, c'est-à-dire de leur sexualité, de leur vie scolaire et de leur univers socio-politique, que d'une modification notable de leur contenu.

Dernière observation : le fait que cette étude recoure aux catégories du ça, du moi et du sur-moi n'entraîne pas qu'elle repose complètement, dans toutes ses données, sur une interprétation psychanalytique du phénomène de la jeunesse québécoise. De fait, elle mettra en lumière bien des éléments d'explication de nature proprement sociologique, et aura recours à l'histoire, à l'anthropologie, à la littérature, à la psychologie sociale, à la démographie ou à d'autres sciences de l'homme. Encore une fois, je me préoccupe davantage de la réalité que des étiquettes épistémologiques.

---

19. David Stafford-Clark, *Ce que Freud a vraiment dit,* traduit de l'anglais par Léo Dilé, Paris, Stock, 1965, p. 122.

CHAPITRE II

RÉVOLUTION SOCIO-POLITIQUE

La révolution socio-politique de la jeunesse du Québec comporte de multiples dimensions, parfois divergentes, voire opposées. Elle se déroule à bien des niveaux de vie, d'affectivité et de pensée. À travers le dédale extrêmement complexe qu'elle représente, s'il est une réalité qui m'apparaît absolument fondamentale et comme la pierre d'angle de tout le « système » révolutionnaire des jeunes, c'est bien celle de leur aspiration et de leur idéologie indépendantistes. Elle se retrouve sans cesse, à la base même des formes diverses de combat ou d'évasion qu'elle revêt dans la vie courante.

Les faits viennent déjà établir, sans l'ombre d'un doute, que la plupart des jeunes Québécois sont actuellement gagnés à la cause de l'indépendance du Québec. L'enquête récente des sociologues de l'Université Laval l'a bien démontré pour les universitaires [1], de même que les deux sondages effectués à l'Université de Montréal par le Centre de recherche en opinion publique (CROP) pour le compte de la Commission Deschênes [2]. Il y a tout lieu de croire que la situation est sensiblement la même dans le milieu étudiant collégial et secondaire. D'ailleurs, déjà en 1964, l'enquête de Rioux-Sévigny révélait que la majorité des jeunes des deux sexes du Québec croyait en l'avènement

---

1. Le compte rendu de cette recherche est paru dans le journal *le Devoir* du 2 décembre 1969, p. 6.
2. Le compte rendu de ces deux sondages est paru dans le journal *le Devoir* du 7 janvier 1970, p. 11.

de l'indépendance du Québec [3]. La proportion indépendantiste n'a fait qu'augmenter depuis, comme en a fait foi la dernière campagne électorale. Même les jeunes ouvriers en dehors des cadres scolaires deviennent de plus en plus perméables à l'option indépendantiste [4]. À telle enseigne que l'on peut réellement soutenir que l'ensemble de la jeunesse québécoise favorise l'indépendance du Québec.

LE SUR-MOI INDÉPENDANTISTE

Mais cette donnée factuelle ne me semble pas la plus importante et la plus décisive. Ce qu'il y a de plus profond et de plus significatif dans le phénomène, c'est que l'indépendance du Québec fait désormais partie du sur-moi de la jeunesse québécoise. Bien plus, elle en constitue la dimension capitale, le noyau central. Ce qu'il y a de plus fondamental dans toute cette question des jeunes et de l'indépendance du Québec, ce n'est pas tant le fait qu'ils soient secrètement ou publiquement gagnés à cette option, qu'ils aient voté pour le Parti québécois aux dernières élections provinciales, qu'ils adhèrent ou non à ce parti et à son programme. C'est avant tout que l'indépendance du Québec soit devenue la pièce maîtresse de leur sur-moi collectif. C'est que dans la gamme des valeurs, des obligations, des normes et des idéologies qui composent le sur-moi des jeunes, l'indépendance du Québec soit la nécessité première qui s'impose, du moins dans l'ordre chronologique et à titre de moyen, qu'elle soit l'obligation primordiale à laquelle on entend se soumettre. La grande nouveauté « révolutionnaire » des temps présents, c'est l'existence, chez les jeunes Québécois, d'un sur-moi indépendantiste, donc proprement québécois, et non plus canadien — au sens où les « vieux » employaient ce terme par opposition aux Anglais — ni même canadien-français [5]. Les nombreuses divergences ou oppositions qui se manifestent chez les jeunes indépendantistes et que nous analyserons plus loin viennent toutes, en fait, se greffer sur ce fonds commun et n'en représentent que des incarnations particulières. L'indépendance du

---

3. Marcel Rioux et Robert Sévigny, *les Nouveaux Citoyens, enquête sociologique sur les jeunes du Québec*, Montréal, Radio-Canada, 1965.
4. La victoire des candidats péquistes dans les comtés ouvriers de Montréal aux dernières élections provinciales en fournit un bon indice.
5. Michel Brunet, *Canadians et Canadiens*, Montréal, Fides, 1954. Cf. aussi la causerie qu'il prononçait en novembre 1969 devant la Fédération des sociétés Saint-Jean-Baptiste du Québec. On en trouve de larges extraits dans *le Devoir*, 30 avril 1970, p. 5.

Québec, c'est comme la forme commune, universelle du sur-moi de la jeunesse québécoise, dans laquelle se verseront bien des contenus spécifiques.

En fait, le sur-moi indépendantiste, si nouveau qu'il apparaisse, n'est pas le fruit d'une génération spontanée. Comme tout sur-moi, il plonge dans le ça des jeunes, dans leur infrastructure pulsionnelle et instinctuelle. Il y rejoint les pulsions sexuelles les plus profondes. Nous verrons plus loin les liens étroits qui unissent le ça sexuel et le sur-moi indépendantiste, comment le premier alimente le dernier et surtout comment celui-ci libère et décuple les forces de celui-là.

Mais, au-delà des pulsions sexuelles auxquelles il se rattache, le sur-moi indépendantiste rejoint la pulsion encore plus profonde et plus fondamentale de l'autoconservation. Nous atteignons ici le tréfonds même de l'être des jeunes. En définitive, le sur-moi indépendantiste n'est que la sublimation, au niveau normatif, de la poussée vitale qui propulse les jeunes vers la quête de leur être social, vers la recherche de leur identité collective au sein d'une société qui leur appartienne et où ils puissent se reconnaître. Le sur-moi indépendantiste, c'est la transposition, sur le plan de l'idéal, d'un besoin radical du ça d'être soi-même, de posséder son identité propre, de vivre comme réalité spécifique. C'est, à mon sens, la lutte de la vie contre la mort, de l'existence contre le néant. Si Jacques Grand'Maison perçoit, à juste titre, que le concept d'identification se situe au centre de la conscience moderne [6], si Marcel Rioux soutient que, dans la question de l'indépendance du Québec, « il ne s'agit pas [...] de nationalisme, de racisme ou de préjugés à l'endroit de qui que ce soit ; c'est simplement une question de vie ou de mort pour une nation de six millions d'individus [7] », la chose est encore bien plus vraie pour la jeunesse du Québec. Il n'est pas question, par là, d'impliquer que celle-ci n'exhibe aucune trace de nationalisme outrancier, ne souffre d'aucun relent raciste ou ne nourrisse de préjugés envers quiconque. Le fond du problème, c'est que la jeunesse québécoise s'est construit un sur-moi indépendantiste d'abord et avant tout afin de maintenir et de développer sa propre réalité.

À cet égard, pour qui connaît un tant soit peu l'histoire du Québec, il est bien clair que le sur-moi indépendantiste, en même temps

---

6. Jacques Grand'Maison, *Nationalisme et Religion,* tome I, *Nationalisme et Révolution culturelle,* Montréal, Beauchemin, 1970, p. 12.
7. Marcel Rioux, *la Question du Québec,* Paris, Seghers, 1969, p. 151-152.

qu'il plonge dans le ça autoconservateur, s'immerge aussi et par le fait même au cœur de la tradition québécoise. Tous les chercheurs du Québec sont unanimes pour dire que celle-ci a toujours vécu et s'est toujours alimentée de l'idéologie nationaliste, quelles qu'en aient été les variantes. En somme, la pulsion collective d'autoconservation du Québec n'a jamais été complètement refoulée, encore moins détruite ; elle s'est toujours prolongée et sublimée dans un sur-moi nationaliste quelconque. Il suffit, par exemple, de se reporter aux travaux éclairants de la revue *Recherches sociographiques* pour s'en convaincre [8]. Dans la même mesure, le sur-moi indépendantiste ne fut pas créé *ex nihilo* ; il est bien plus tributaire du passé que les jeunes ne feignent de le croire. Il est en continuité vitale et organique avec le ça et le sur-moi du vieux nationalisme québécois qui en ont préparé lentement, longuement, l'éclosion et la maturation [9].

LA DÉSACRALISATION DU NATIONALISME

Le changement majeur de type révolutionnaire, qui s'est opéré dans le passage du sur-moi nationaliste au sur-moi indépendantiste, fut la désacralisation du nationalisme. Je crois profondément que l'aspect le plus important de la révolution socio-politique en cours chez les jeunes Québécois, celui qui donne la clef de leur sur-moi indépendantiste, c'est précisément le fait que, chez eux, le nationalisme se soit vidé, au moins sur le plan de l'idéologie, de sa substance religieuse catholique.

8. *Recherches sociographiques,* numéro sur « Idéologies au Canada français. 1850-1900 », vol. 10, nᵒˢ 2-3, mai-décembre 1969.
9. Deux remarques sont de mise ici. 1° Le lien entre le sur-moi nationaliste d'autrefois et le sur-moi indépendantiste actuel se révèle peut-être, si confusément soit-il, dans le fait qu'un nombre considérable d'étudiants veulent s'inscrire présentement dans les cours d'histoire du Québec ou du Canada. C'est peut-être là un indice que les jeunes perçoivent plus ou moins intuitivement la continuité organique qui relie les deux sur-moi. 2° Il faudrait un jour analyser beaucoup plus attentivement et impartialement la période du nationalisme dit stérile de Maurice Duplessis. Je ne suis pas du tout certain que cette période ait été uniquement dysfonctionnelle par rapport à l'émergence du sur-moi indépendantiste. Je suis plutôt porté à croire qu'elle fut, à cet égard, bien plus positive et fonctionnelle qu'on ne le pense. Ce n'est pas l'effet du seul hasard si les forces indépendantistes se sont levées immédiatement après la mort de Duplessis. Je ne crois pas en la génération spontanée. La période de Duplessis peut être comparée à une période de latence du Québec. Peut-être alors que l'indépendantisme a germé du nationalisme à la Duplessis, un peu à la façon de l'explosion pubertaire qui sourd de la phase latente prépubertaire. Pourtant, cette dernière n'est jamais considérée comme provoquant un dysfonctionnement de l'organisme de l'individu par rapport à l'éclosion de la puberté ! ...

Leur nationalisme s'est laïcisé, il s'est débarrassé de sa gangue catholique ; il n'a plus accepté le processus de symbiose par lequel nationalisme et catholicisme s'alimentaient mutuellement. Assurément, il demeure encore, dans le sur-moi des jeunes, bien des vestiges religieux influençant et colorant leur nationalisme. Mais la structure catholico-nationaliste d'antan n'est plus caractéristique de ce sur-moi.

Malgré certaines vagues laïcisantes plus ou moins fortes, plus ou moins passagères, le nationalisme québécois, surtout de 1850 à 1960, s'est fortement imprégné de l'idéologie catholique. Bien plus, il a nettement vécu sous sa coupe et sous son emprise, non sans l'influencer d'ailleurs, à son tour. Il s'est avéré historiquement que le nationalisme québécois fut rigoureusement catholique et que le catholicisme québécois fut franchement nationaliste. Il s'est opéré entre les deux idéologies une véritable collusion où prédomina le facteur religieux. C'est ce qui explique que cette forme de nationalisme, attelée au char d'un catholicisme par ailleurs fortement janséniste et romain, comporta comme traits essentiels le conservatisme et le repliement sur soi. L'Église catholique de l'époque, par la défense de ses propres intérêts, par son attitude souvent antilibérale et antidémocratique, tout en favorisant une certaine forme de nationalisme, l'a contenue dans des limites bien étroites et serrées, a exercé à son endroit le rôle d'un sur-moi inhibiteur.

En outre, du fait même que l'Église catholique se définissait alors officiellement comme une totalité incluant, par éminence, le pouvoir politique temporel et l'assumant dans un pouvoir spirituel supérieur [10], elle se trouvait à absorber la dimension politique du nationalisme, à jouer spirituellement, vis-à-vis de ce dernier, un rôle se substituant à celui qu'aurait dû tenir normalement un État québécois souverain. En définitive, l'Église assumait le pouvoir politique complet vers lequel tendait inconsciemment le nationalisme de l'époque et le transposait dans une sphère plus « spirituelle », la sienne, laissant ainsi aux élites politiques, formées à son image, l'exercice d'un pouvoir politique tronqué, émasculé. Dans cette conjoncture, la recherche du couronnement normal du nationalisme, c'est-à-dire de la totalité politique de la souveraineté, n'avait plus de raison d'être, puisque l'Église, en tant que souveraine spirituelle possédant *virtualiter eminenter* tous les attributs de la souveraineté temporelle, se trouvait déjà à remplir cette fonction de totalité à l'égard du nationalisme. Par là, on peut comprendre que « le natio-

10. Voir les encycliques sociales de Léon XIII, de Pie XI et de Pie XII.

nalisme religieux, chez nous, fut souvent apolitique et même antipolitique[11] ». Assumé par la religion catholique, le nationalisme ne pouvait plus devenir pleinement politique.

En perdant, auprès des jeunes, son caractère religieux, le sur-moi nationaliste ne se trouvait plus sujet à la contrainte et à l'inhibition qui le freinaient dans l'évolution de son autonomie et de son dynamisme propres. Le passage graduel d'une idéologie de conservation (1760-1960) à une idéologie de rattrapage (1960-1965), puis à une idéologie de dépassement dans la quête de la souveraineté (1965-   )[12], ne coïncide pas seulement avec un déclin progressif de la valeur religieuse à l'intérieur du nationalisme, mais il en dépend dans une large mesure. La sécularisation du nationalisme sous toutes ses formes, qui ne se résume pas à celle que la revue *Parti pris* a illustrée et soutenue à partir de sa fondation en 1963, a permis à ce même nationalisme, déjà rigoureusement enté sur le ça et sur ses élans vitaux d'autoconservation, de se transmuer en un sur-moi indépendantiste. Les barrières psychologiques dressées par le sur-moi catholique se sont petit à petit effondrées ; le refoulement religieux a fait place à la libération et au souffle créateur du nouveau nationalisme indépendantiste. Il serait extrêmement révélateur, à cet égard, d'effectuer une analyse de contenu rigoureuse des paroles ou des écrits du nationalisme religieux conservateur en comparaison avec ceux de l'indépendantisme séculier libérateur. L'analyse des seconds, par opposition à celle des premiers qui évoqueraient un sur-moi lié à un stade régressif anal et à une psychologie du sphincter comprimé, dévoilerait des images et des symboles relatifs à un sur-moi en train de se libérer de ses contraintes, de les dépasser dans un climat psychologique créateur.

Le sur-moi indépendantiste des jeunes procède en grande partie de la sécularisation du nationalisme religieux. La sublimation de l'instinct d'autoconservation collective, l'épanouissement de cette pulsion vitale en une idéologie de totalité et de souveraineté politiques n'a pu se produire que lorsque le blocage causé par l'ancienne idéologie fut enfin éliminé, du moins de façon substantielle. C'est alors que le nationalisme d'antan, puisant en fait à la même source du ça auto-conservateur, a pu se rendre jusqu'au bout de lui-même et devenir, dans

---

11. Jacques Grand'Maison, *op. cit.,* p. 19.
12. Marcel Rioux, *op. cit.,* p. 88-100 et 172-178.

et par le sur-moi indépendantiste, aspiration consciente et expresse à la totalité d'une nation politique enfin maîtresse de son destin.

Serait-ce l'effet du hasard si bien souvent, comme l'indique une observation attentive de la réalité et comme l'ont déjà souligné différentes enquêtes, il existe une corrélation positive entre l'idéologie agnostique ou athée professée par les jeunes et leur degré de militantisme ou d'activisme indépendantiste [13] ? Je ne le crois pas. Jusqu'ici, il a été impossible de dégager avec certitude si c'est l'idéologie indépendantiste qui provoque l'idéologie areligieuse, ou si c'est plutôt celle-ci qui entraîne celle-là, ou si les deux phénomènes sont liés à un ou plusieurs autres facteurs. Il devrait être possible, cependant, et il serait sûrement souhaitable que l'on entreprenne des études tendant à vérifier l'hypothèse d'une priorité pour le moins chronologique de la désagrégation, chez les jeunes, de l'idéologie catholique, sur l'adhésion à l'idéologie indépendantiste. De telles études pressent parce que, au fur et à mesure que grandira le climat social favorable à l'idée d'indépendance et que s'allongeront les générations d'indépendantistes, l'idéologie indépendantiste s'installera au cœur du sur-moi collectif de toute la société québécoise et deviendra partie intégrante du patrimoine éducatif livré aux enfants par les parents. Il sera alors beaucoup plus hasardeux de démêler l'écheveau des rapports entre l'idéologie catholique et l'idéologie indépendantiste.

LE SUR-MOI INDÉPENDANTISTE
ET LE FACTEUR ÉCONOMIQUE

Chose certaine, la métamorphose chez les jeunes du sur-moi nationaliste en un sur-moi indépendantiste ne me semble pas provenir d'une prise de conscience, au sein de la classe ouvrière ou prolétarienne, de conditions économiques d'exploitation, de rapports de production aliénants. Ici le schéma marxiste classique ne s'applique pas, selon lequel l'infrastructure économique et ceux qui en sont les victimes seraient les moteurs premiers, les déterminants directs des changements à opérer dans les superstructures sociales ou politiques. Au Québec, ce ne sont pas les ouvriers, qu'ils soient jeunes ou vieux, qui, au nom d'une lutte des classes, auront engendré ou alimenté jusqu'ici les

---

13. Voir le compte rendu de la recherche des sociologues de l'Université Laval dans le journal *le Devoir* du 2 décembre 1969, p. 6.

différents mouvements indépendantistes qui ont vu le jour depuis environ une douzaine d'années.

Il suffit d'examiner à tour de rôle l'Alliance laurentienne de Raymond Barbeau, le Rassemblement pour l'indépendance nationale de Marcel Chaput, d'André d'Allemagne et puis de Pierre Bourgault, le Rassemblement national du Dr Jutras et de Gilles Grégoire, le Mouvement souveraineté-association et le Parti québécois de René Lévesque, pour constater que la majorité de leurs militants ou adhérents ne sont pas originaires des milieux dits prolétaires. Ils n'appartiennent pas à une classe ouvrière au sens marxiste du terme ; ceci est vrai même pour les gens issus des couches typiquement ouvrières. Au contraire, la plus grande proportion de ces indépendantistes s'est recrutée dans les classes moyennes, surtout parmi les cols blancs et les fonctionnaires, dans les groupes petits-bourgeois de professionnels ou d'hommes d'affaires et parmi les étudiants, collégiens ou universitaires, issus de ces milieux. Même le Parti québécois qui, de tous les mouvements, est celui qui a pénétré le plus jusqu'ici chez les ouvriers et les défavorisés, n'en compte actuellement qu'un nombre limité [14].

Il semble bien, en somme, que si l'idéologie marxiste a joué et joue encore un rôle dans l'explication du sur-moi indépendantiste, ce ne soit pas tellement dans le sens d'un intérêt extrême démontré en faveur du pauvre et du déshérité matériel (bien qu'un certain intérêt existe et ait son importance), ni dans le sens d'une primauté incontestée accordée à l'économique, ni dans celui d'un combat à mort entre classes d'oppresseurs et classes d'opprimés, à l'intérieur de la société québécoise francophone.

Par contre, des sociologues comme Marcel Rioux [15] et John

---

14. Que les ouvriers des quartiers pauvres de l'est de Montréal aient élu récemment six députés péquistes ne prouve pas du tout qu'ils soient devenus le facteur le plus déterminant du sur-moi indépendantiste. Cela ne prouve même pas que l'idéologie péquiste ait déjà acquis un caractère nettement ouvriériste ou même populiste, encore bien moins un caractère marxiste. Cette victoire de quelques candidats péquistes auprès d'ouvriers pauvres représente certes une donnée inédite, bien spéciale, que j'aurai l'occasion d'analyser dans une autre étude, mais dont la signification m'apparaît tout autre.

15. Marcel Rioux, « Conscience ethnique et conscience de classe au Québec » dans *Recherches sociographiques*, vol. 6, n° 1, 1965, p. 22-32. « Conscience nationale et conscience de classe », dans *Cahiers internationaux de sociologie*, vol. 38, 1965, p. 99-109.

Porter [16] ont utilisé le concept de classe dans leur analyse du nationalisme québécois. Mais ils lui ont attribué une signification bien spéciale, équivalant à l'identifier à une ethnie ou à une nation défavorisée, face à une bourgeoisie anglo-canadienne ou américaine qui l'exploite. Une telle utilisation, toutefois, risque fort, comme l'a noté avec à-propos André Vachet, de créer des ambiguïtés sérieuses [17]. En tout cas, elle ne reproduit pas fidèlement la pensée de Marx sur la classe et la nation.

Pour le marxisme, la classe et la nation ont un contenu irréductible qui permet d'établir des relations, mais non de les réduire l'une à l'autre. [...] Ce n'est donc pas sans fausse représentation que les efforts contemporains pour identifier classe et nation s'appuient sur l'autorité de Marx et du marxisme. Le processus apparaît d'autant plus odieux que la réduction se fait habituellement au profit de la nation supprimant ainsi la spécificité de la classe. [...] Mais ne serait-il pas alors de mise pour réduire l'ambiguïté et la confusion d'éviter un cadre et une conceptualisation d'origine marxiste [18] ?

Il serait plus approprié, je crois, dans l'analyse de la genèse du sur-moi indépendantiste chez les jeunes Québécois, de faire appel à l'importance de facteurs superstructurels comme l'État ou les idéologies implicites et explicites, ainsi que le fait Abdel-Malek, dans son étude de la renaissance nationale en Égypte moderne [19]. Ici, au Québec, l'indépendantisme, dans sa dimension profonde et comme fonds commun à tous ceux qui le professent ou le pratiquent de mille et une manières, signifie avant tout la recherche d'un pouvoir politique à soi, émanant de son propre ça et homogène aux forces vitales qui le propulsent. L'indépendantisme ne veut plus de sur-moi étranger. Or, jusqu'ici, c'est-à-dire jusqu'à il y a une dizaine d'années, le ça québécois était dominé par un pouvoir étranger, par le pouvoir « spirituel » de l'Église catholique, dont la structure de direction et les centres de décision relevaient d'une autre société que le Québec, d'une société, en fait, à caractère internationaliste et universaliste. En un sens, le Québec possédait un sur-moi trop grand pour sa taille, pas du tout

16. John Porter, *The Vertical Mosaic ; an Analysis of Social Class and Power in Canada*, Toronto, Toronto University Press, 1965.
17. André Vachet, « le Problème de la nation dans le marxisme français », dans *Revue canadienne de science politique*, t. 3, mars 1970, p. 24.
18. *Ibid.*, p. 27.
19. Anouar Abdel-Malek, *Idéologie et renaissance nationale : l'Egypte moderne*, Paris, Anthropos, 1959. Voir aussi du même auteur : « Marxisme et Sociologie des civilisations », dans *Diogène*, vol. 64, octobre-décembre 1968, p. 105-133.

à la mesure de son être concret et limité. C'est ce qui peut rendre compte des rêves de grandeur, de « mission spirituelle », de mégalomanie que l'on trouve en abondance dans notre littérature du passé. C'est ce qui explique aussi que, malgré d'innombrables apports positifs du sur-moi religieux, son immensité même, ses proportions presque infinies aient provoqué l'étouffement de notre société. Il n'y a pas que les prisons étroites et obscures qui peuvent étouffer quelqu'un. Les déserts incommensurables, saturés de chaleur ardente et de lumière crue, causent aussi le halètement et l'oppression !

Il fallait donc, pour nous tailler un sur-moi sur mesure avec pouvoir approprié à notre être, éliminer la valeur religieuse architectonique de notre sur-moi nationaliste. En ce sens-là bien précis, la sécularisation du nationalisme, elle-même liée à un abandon progressif de la pensée et de l'idéologie catholiques, m'apparaît comme un processus absolument nécessaire et fondamental dans la genèse du sur-moi indépendantiste des jeunes. Il importe peu d'ailleurs que ce processus de formation du sur-moi indépendantiste, en dépendance du rejet du catholicisme comme clef de voûte du nationalisme, se soit opéré consciemment. Au contraire, comme à toute structuration d'un sur-moi, c'est l'inconscient qui y a présidé.

LE SUR-MOI INDÉPENDANTISTE
ET LE FACTEUR POLITIQUE

Une fois la place vacante, une fois la totalité de l'Église évacuée du champ du nationalisme[20], le sur-moi ne pouvait plus vivre sans une autre totalité qui s'y substituerait. Autrement, il se serait désarticulé et désintégré, car il n'a jamais fonctionné que dans l'orbite et sous l'influence d'un pouvoir totalisant, en l'occurrence l'Église catholique. Celle-ci détrônée, le seul pouvoir totalisant capable de la remplacer et de remplir ses fonctions architectoniques, c'est le pouvoir politique souverain, quelle que soit, par ailleurs, la valeur relative qu'il faille attribuer à la souvenaineté dans les conjonctures actuelles.

Le nationalisme tout court, abstrait du pouvoir totalisant d'une Église ou du pouvoir totalisant de la souveraineté politique, ne peut

---

20. Nous ne voulons pas dire ici que toute l'Eglise est sortie du champ du nationalisme. Il s'agit plutôt d'une évacuation de son pouvoir totalisant.

par lui-même accéder à ce degré d'universalité et de totalité concrète [21] auquel, comme tout être humain d'ailleurs, il aspire instinctuellement, au plus profond de son ça inconscient. Au moins dans la vision marxiste de la nation, que nous adoptons, celle-ci ne peut représenter tout au plus qu'une totalité partielle, à l'intérieur d'une totalité plus vaste comprenant, à un premier niveau, une société politique donnée et, à un deuxième, la civilisation universelle de l'homme libre. Non seulement la totalité partielle de la nation se situe à l'intérieur de totalités plus larges, mais elle entre en constante dialectique avec elles. C'est la dialectique du national contre le politique (au Canada, on pourrait dire contre le fédéralisme !) et du national contre l'international.

> Le marxisme défend la nation comme totalité partielle, c'est-à-dire comme « spécificité historique ». Mais par là, il la prive de tout caractère absolu et définitif et de toute autonomie formelle. C'est comme totalité partielle subordonnée et déterminée à la fois par la totalité (en tant que fin) et par la praxis concrète (qui construit la totalité) que le marxisme retient et défend la nation non seulement comme élément stratégique et momentané, mais aussi comme support de valeurs spécifiques s'intégrant dans l'universalité de la civilisation de l'homme libre [22].

Or, ce qui s'est passé au Québec, c'est que son sur-moi n'a jamais été formé d'un nationalisme à l'état pur, pour ainsi dire, d'un nationalisme où la nation n'était que simple totalité partielle. Au contraire, la nation du sur-moi québécois a toujours baigné dans la totalité complète, infinie, dirions-nous, d'une Église se définissant comme une société, non seulement universelle dans le temps et dans l'espace, mais aussi éternelle. La fusion fut si grande entre la nation québécoise et l'Église qu'on peut même parler d'une identification véritable. La nation québécoise devenait l'Église, au moins pour l'Amérique du Nord.

Habituée à ce besoin de totalité parfaite, la nation québécoise, après la démission de l'Église de son rôle nationaliste ou après le rejet de ce rôle par la société, ne pouvait plus retomber sur elle-même à l'état de simple totalité partielle. Il lui fallait chercher une autre totalité

---

21. L'expression « totalité concrète » s'oppose ici à la totalité abstraite d'un internationalisme « angélique » sans racines dans une culture et un territoire donnés. Les tenants du fédéralisme canadien font souvent appel à cette sorte d'internationalisme pour justifier leur position.
22. André Vachet, « le Problème de la nation dans le marxisme français », dans *Revue canadienne de science politique*, t. 3, mars 1970, p. 33.

comblante, que seule la souveraineté politique peut assurer [23]. Dans cette optique, notre conviction nous donne à penser que c'est grâce au nationalisme religieux, et grâce à l'Église catholique (d'ailleurs, sans qu'elle en fût consciente) et au besoin de totalité parfaite qu'elle a creusé dans notre sur-moi, si celui-ci peut aspirer actuellement à la souveraineté politique et devenir, au moins chez les jeunes, de plus en plus indépendantiste. Nous aboutissons ici à un paradoxe étonnant. D'une part, le sur-moi nationaliste du Québec, dominé par l'Église et la religion catholique, a préparé les voies au sur-moi indépendantiste et y a conduit tout naturellement. D'autre part, celui-ci n'aurait pu éclore sans la disparition du sur-moi nationaliste religieux. Dans un tel contexte, et sans ironie ou cynisme de ma part, j'aurais presque envie de m'exclamer : « si le grain ne meurt... ».

Ce sont là autant de raisons qui me poussent à parler de révolution politique plutôt que de révolution économique, lorsqu'il est question de scruter le fond même du sur-moi indépendantiste de la jeunesse québécoise. Dans les abîmes inconscients de ce sur-moi, c'est le besoin incoercible d'une plénitude politique qui me semble primer, besoin, du reste, qui s'enracine dans le ça historique de pulsions d'autoconservation sans cesse exacerbées dans l'action mais jamais encore pleinement assouvies.

Cette position n'implique pas pour autant le rejet d'éléments économiques fort importants au sein même de la révolution des jeunes. Ils y sont, nombreux et actifs, mais à un niveau qui me semble à la fois moins profond, plus conscient et restreint à un certain nombre d'indépendantistes. Il en sera question ultérieurement. Tandis que la dimension politique me semble descendre plus creux, dans les viscères mêmes du sur-moi indépendantiste. C'est vraiment le point commun autour duquel peuvent se rallier tous les tenants de l'indépendance, quels que soient leurs programmes d'action, leurs stratégies, leurs idéologies économiques ou sociales.

C'est peut-être ce qui permet de comprendre comment le Parti québécois, du moins pour l'instant, peut d'une part rassembler, plus que tout autre parti, une diversité assez surprenante de tendances et d'idéologies et d'autre part les grouper dans un corps plus fonctionnel,

---

23. Pierre Vadeboncœur, *la Dernière heure et la première*, Montréal, Ed. de l'Hexagone et Parti pris, 1970.

plus dynamique et plus démocratique que celui des autres partis. Pour la même raison, du reste, il est bien vraisemblable de penser que, dans l'hypothèse de l'accession du Québec à l'indépendance politique, le Parti québécois va très tôt se scinder en de nouvelles factions ou partis s'échelonnant tout le long de la gauche ou de la droite. Toujours à cause de la primauté du facteur politique dans le sur-moi indépendantiste, on peut s'expliquer aussi pourquoi nombre de jeunes, même s'ils n'étaient pas membres du Parti québécois ou, pis encore, s'ils n'admettaient pas du tout son programme ou son orientation, aient cependant décidé de faire la trêve durant la dernière campagne électorale et de travailler avec enthousiasme au service de ce parti.

Dans la même veine, Claude Ryan avait bien raison de souligner, à la Conférence sur la croissance économique tenue récemment à Toronto, qu'il ne fallait pas se bercer d'illusions, que la croissance économique du Québec ou du Canada ne ferait pas nécessairement disparaître le séparatisme [24]. Le sociologue Fernand Dumont vient tout juste, lui aussi, d'intervenir là-dessus. Il faut, d'après lui, démystifier l'économie, que l'on propose comme la valeur première, la clef magique de tous les succès, la solution-fétiche à toutes les difficultés et les anxiétés de l'heure. « Il en est de même pour les collectivités [comme pour les individus] : les lancer sur les voies du progrès consiste-t-il d'abord à leur faire mettre entre parenthèses les valeurs qui pourraient justement les pousser dans les chemins de la croissance économique [25] ? »

Il est d'autres indices qui permettent de croire que l'économique ne représente pas la valeur première et unificatrice du sur-moi indépendantiste. Par exemple, il est fort significatif de constater que les mouvements indépendantistes, dans leur première phase, c'est-à-dire de 1958 à 1963, ont accordé relativement peu de place et d'importance aux considérations économiques bien concrètes. Les implications économiques que l'on peut y déceler sont enrobées dans des prises de position, dans des idéologies d'un autre ordre. Ce n'est qu'à la faveur d'un engagement dans la lutte électorale, donc après coup, dans un mouvement d'adaptation au réel extérieur beaucoup plus propre à l'action du moi qu'à celle du sur-moi, que des mouvements comme le R. I. N.

---

24. Cf. article d'André Chénier sur la causerie de Claude Ryan, dans *la Presse*, 29 mai 1970, p. 13.
25. Fernand Dumont, extrait d'une conférence prononcée à Québec, le 6 juin 1970, dans *le Devoir*, 9 juin 1970, p. 5-6.

et le P. Q. se sont mis à creuser leur programme économique et à en dégager les détails. Du reste, ce n'est pas sans raison que la catégorie des économistes tarde à se joindre officiellement aux rangs des indépendantistes ; elle n'y reconnaît pas un sur-moi en consonance avec son univers mental et affectif. Les politicologues et les sociologues, eux, se sentent beaucoup plus à l'aise avec le sur-moi indépendantiste.

En définitive, il ne m'apparaît pas que ce soient d'abord et avant tout des considérants d'ordre économique qui déterminent la substance de ce sur-moi. À ce compte, on aurait dû assister, très tôt et très vite, à une ruée des classes pauvres et défavorisées vers la cause de l'indépendance. Or, la chose ne s'est pas produite, loin de là ! Malgré le phénomène du vote ouvrier péquiste lors des dernières élections provinciales, le sur-moi indépendantiste n'est pas premièrement économique et ouvrier, pas plus que le sur-moi nationaliste religieux ne l'était.

Il serait intéressant de connaître l'influence exercée par les raisonnements économiques, par les chiffres, par les statistiques, sur la décision des personnes jeunes ou vieilles d'adhérer à l'indépendantisme, de s'en écarter ou de ne pas y entrer du tout. Ces raisonnements ont-ils été le facteur premier et déterminant de ces démarches dans un sens ou dans l'autre ? Nous serions porté à croire que non. Tout au plus leur influence, qui est indéniable, semble se situer à un niveau inférieur à celui du sur-moi, au niveau du moi réaliste et calculateur. Un sur-moi, à plus forte raison un sur-moi indépendantiste, ne se forme pas et ne s'endosse pas au terme d'un syllogisme mathématique ou économique ! S'il entre, dans ce sur-moi indépendantiste, des éléments économiques de type nationaliste, keynésien ou pas, ils sont emmêlés dans des idéologies, des normes, des valeurs, des rationalisations où l'affectif occupe autant de place, sinon plus, que le rationnel, où le sentiment anime et dirige la perception. Le sur-moi n'est pas l'intelligence toute nue ; c'est le cœur et l'intelligence du cœur ! Dès lors ce n'est pas surprenant qu'il faille dire, avec Michel Winock : « Une nation qui veut vivre, ça ne se démontre pas : on la sent comme les battements d'un cœur [26]. »

C'est de là d'ailleurs que procède l'illusion grossière de ceux qui enfourchent l'unique Rossinante de l'économique dans le combat contre l'indépendantisme ! Ils croient que ce sur-moi tient seulement à un jeu

---

26. Michel Winock, « la Question nationale au Québec », dans *Esprit*, 38e année, n° 391, avril 1970, p. 684.

de Bourse, de productivité, d'investissements, de plein emploi, de croissance économique, de revenu national brut ou *per capita*. Ils me font penser à ceux qui combattent le prétendu communisme du Vietnam ou du Cambodge à grandes rafales de napalm ! C'est peut-être là fondamentalement le lieu où se séparent les francophones et les anglophones du Québec.

Ce chapitre s'intitule : « Révolution socio-politique ». Si le sur-moi indépendantiste se définit primordialement comme politique, il apparaît alors *ipso facto* comme éminemment social. Car le pouvoir, la totalité politique recherchée comme impératif veut dire, en somme, une nouvelle identité sociale, une société neuve, complète cette fois, qui se donne une tête bien québécoise avec tout le nouveau système nerveux, sensoriel et moteur que cette dernière entraîne à sa suite. Le sur-moi indépendantiste, même abstraction faite de sa composante économique, implique déjà, rien que dans sa teneur politique, un réaménagement des rapports sociaux qui composeront la nouvelle société. D'une part, celle-ci entrera forcément en relations inédites avec d'autres sociétés autonomes. D'autre part, les liens d'appartenance et d'identification sociales des Québécois entre eux et avec leur pouvoir gouvernemental seront rénovés, ils seront établis sur d'autres bases et appelleront inévitablement un autre mode de vie, des habitudes et des mœurs sociales de qualité différente. Déjà, à cause même de l'influence de l'action indépendantiste sous toutes ses formes, le Québec s'est engagé dans des changements sociaux notables. Il est bien évident, dès lors, qu'un sur-moi indépendantiste, avec l'idéologie politique qu'il contient, ne peut pas ne pas entraîner toutes sortes de transformations sociales, à tous les niveaux. Les jeunes, dans et par leur sur-moi, ne recherchent pas seulement un Québec souverain ; ils réclament aussi et par le fait même une société nouvelle. C'est en fonction de ce point que se justifie l'appellation de « révolution socio-politique ».

IMAGES DE LA MÈRE ET DU PÈRE

Tout sur-moi se situe dans la trajectoire évolutive du complexe d'Œdipe[27]. Il est donc impliqué dans un réseau extrêmement difficile

27. Wilhelm Reich soutient que le sur-moi est, en fait, le résultat, non la cause, du refoulement de l'âge d'Œdipe. Cf. Constantin Sinelnikoff, « Situation idéologique de Wilhelm Reich », dans *l'Homme et la Société*, n° 11, janvier-mars 1969, p. 59.

à déchiffrer de rapports de tous genres avec le père et la mère (identification, contre-identification, amour, admiration, agressivité, hostilité, fixation, régression, peur, angoisse, sublimation, etc.) et, par eux, avec toutes les images, les symboles et les réalités qui les représentent. Le sur-moi indépendantiste des jeunes Québécois n'y fait pas exception.

Une première constatation s'impose. Dans l'optique présente où nous nous plaçons, la plus grande différence peut-être qui distingue le sur-moi indépendantiste du sur-moi nationaliste religieux réside dans le fait que ce dernier semblait s'être fixé sur la mère et les images maternelles, tandis que le premier s'identifie beaucoup plus au père et aux images ou aux réalités qui le prolongent. Il n'y a pas de doute que, dans l'interminable phase du nationalisme religieux de conservation que nous avons vécue, l'image et le symbole de la mère aient occupé une place prépondérante. Il serait bien révélateur de faire une analyse à la fois quantitative et qualitative de la fréquence et des significations concrètes ou symboliques que revêtaient, dans leur contexte précis, les expressions si souvent utilisées, même jusqu'en 1960, de « notre Mère la Sainte Église », « la mère-patrie » (quel curieux phénomène de déplacement psychologique que cette contorsion sémantique que l'on fait subir au terme « patrie » qui, étymologiquement, veut dire « père » mais que l'on réussit à convertir en « mère » !), la « terre nourricière », etc.

Depuis la Conquête, tout spécialement, et par suite de la domination « spirituelle » de l'Église sur notre histoire, ils sont innombrables chez nous les mythes, les symboles ou les thèmes valorisant le refuge utérin, la sécurité maternelle, la fécondité de la vie. Simultanément, et à cause de cette fixation infantile qui rivait le peuple à une mère possessive et jalouse, s'exprimaient des images d'évasion, d'amertume, d'hostilité vis-à-vis de la mère. Une telle ambivalence, caractéristique d'un état psychologique qui n'a pas encore assumé la présence du père, à fortiori qui n'a pas dépassé ce stade, pourrait fournir la clef à une nouvelle interprétation de notre histoire. Un phénomène comme l'extrême fécondité du peuple québécois, une idéologie comme l'agriculturisme ou le retour à la terre, une épopée comme les grandes conquêtes missionnaires accomplies au-dehors par les prêtres et les religieux du Québec apparaîtraient sous un jour nouveau, s'ils étaient examinés à la lumière d'un sur-moi maternel à outrance. La nation elle-même (ou la race, comme on disait autrefois), vivant dans le giron de l'Église, héritait du caractère maternel de cette dernière et remplissait à son tour une fonction protectrice et sécurisante. Sœur Sainte-Marie Éleuthère, dans son étude du roman canadien-français de 1930 à 1960, a bien montré que la mère y était encore omniprésente. Elle y note « une surenchère de l'image maternelle [28] », une tendance « à projeter l'image maternelle sur les institutions qui ont aidé le peuple canadien-français à maintenir son caractère catholique et français [29] ». En outre, « le même processus de projection joue en sens contraire et, en vertu de la polarité des mythes et des symboles, la mère apparaît comme terrible et dévorante [30] ».

Dans le sur-moi indépendantiste, au contraire, l'image du père tend à prendre le dessus. Le symbole et la réalité de la patrie se vident de plus en plus de leur contenu maternel pour laisser la place au père, au pouvoir politique souverain qui commandera les nouvelles destinées du peuple québécois. Assurément, bien des éléments maternels, à l'état plus ou moins structuré, se retrouvent encore dans ce sur-moi, comme il en sera question ci-après. Mais, en gros, c'est le triomphe progressif d'un père enfin récupéré, au moins idéalement, que l'on y découvre, avec l'élimination graduelle de la peur, avec l'assurance, l'audace, le désir de maîtriser son existence et la violence qui l'accompagnent. On pourrait peut-être y rattacher la tendance très nette du sur-moi indépendantiste, à faire intervenir, dans bien des cas, le pouvoir et l'autorité de l'État, figure du père [31].

Ce processus d'introjection du père, d'identification avec lui, qui se fait jour actuellement dans le sur-moi indépendantiste des jeunes, me semble même, dans une certaine mesure, avoir dépassé la phase négative de rébellion, de révolte à la fois contre la mère nourricière l'Église (qui jouait d'ailleurs aussi le rôle de père « surnaturel ») et contre le père emprunté ou imposé qu'est l'Anglais. L'attitude vis-à-vis de l'Église m'apparaît plus nette que celle vis-à-vis de l'Anglais. Elle est devenue moins hostile, plus mûre, plus sereine. Nous avons indiqué, dans un article antérieur, comment l'attitude religieuse des jeunes

28. Sainte-Marie-Eleuthère (Sœur), c.n.d., *la Mère dans le roman canadien-français*, Québec, Les Presses de l'Université Laval, 1964, p. 195.
29. *Ibid.*, p. 196.
30. *Ibid.*, p. 196.
31. André Raynauld note, dans une critique vigoureuse, la tendance « étatique » du Parti québécois et de son programme. Cf. *le Devoir*, 18 avril 1970, p. 5.

s'était transformée, passant graduellement de la critique et du militantisme antireligieux à un état d'esprit plus ouvert et plus tolérant, frisant même l'indifférence religieuse [32].

À l'égard de l'Anglais, la situation est moins claire. Elle serait à vérifier empiriquement de façon plus rigoureuse. On peut quand même relever un indice ou l'autre manifestant une évolution certaine dans ce domaine. Une étude soignée de l'idéologie indépendantiste dans ses discours et dans ses écrits montrerait, je crois, une préoccupation de plus en plus grande de proposer l'indépendance et d'envisager l'action à cet effet, non dans un climat d'hostilité et de lutte contre l'Anglais, mais dans la perspective d'une exigence personnelle d'autodétermination et de développement de soi. Qu'on pense, par exemple, à l'accent mis depuis quelque temps par le Parti québécois et par René Lévesque à convaincre autant d'ailleurs les indépendantistes que les autres, que l'indépendance doit se faire non contre les Anglais mais pour nous. Les résultats concrets de cet effort de persuasion peuvent ne pas être brillants ; il n'en reste pas moins que l'idéologie est là, moins vindicative, plus positive qu'auparavant, vis-à-vis de l'Anglais.

Le sur-moi indépendantiste, avec ce qu'il comporte de recherche du père dans le pouvoir politique autonome, m'apparaît tellement bien et profondément introjecté dans le moi des jeunes qu'à ce niveau, c'est-à-dire à celui de l'idéal, du rêve sublimé, de la projection, l'indépendance n'est même plus un objet de doute ou de controverse. Elle est un fait acquis ; elle va de soi, comme un postulat inattaquable. Auparavant, c'est-à-dire il y a seulement cinq ou six ans, il n'était pas rare d'entendre des jeunes discuter passionnément entre eux de l'indépendance, en pesant le pour et le contre de cette option. À l'heure actuelle, ce phénomène est pratiquement dépassé. Non seulement on ne se pose presque plus la question de l'avènement de l'indépendance, mais on a tendance à couvrir de ridicule ou de mépris ceux qui ne partagent pas l'option indépendantiste. Chez les jeunes, la pression sociale s'exerce maintenant sur les non-indépendantistes. L'idéologie indépendantiste se transforme rapidement, dans le milieu des jeunes, en conformisme social, signe non équivoque qu'elle est devenue partie intégrante d'un sur-moi bien structuré.

---

32. « Les Jeunes Québécois encore à l'âge métaphysique », article que j'ai écrit et fait publier dans *Prospectives,* vol. 6, février 1970, p. 31-45.

Ce fut, du reste, la découverte étonnante réalisée, il y a deux ans, par Gaston Miron, poète lucide et militant convaincu de l'indépendance du Québec. Lors d'une table ronde sur le théâtre québécois, à l'Université de Montréal, il se fit signaler par un jeune que son plaidoyer en faveur de l'indépendance portait à faux, était maintenant dépassé. Miron réalisa alors, dans une intuition bien juste, que, pour les jeunes, l'indépendance était devenue un fait acquis, que, psychologiquement, elle était déjà une réalité bien vivante [33].

J'irais plus loin en émettant cette hypothèse : à l'intérieur du réseau scolaire, depuis les écoles secondaires jusqu'aux universités, il n'est plus nécessaire que les professeurs prônent leurs idées en faveur de l'indépendance du Québec pour que les étudiants y soient gagnés. Il serait intéressant d'établir une comparaison entre des institutions scolaires où des professeurs, d'une façon ou de l'autre, tentent de faire passer aux étudiants leurs convictions sur l'indépendance et d'autres institutions où les professeurs restent absolument neutres sur le sujet ou même s'y opposent directement. Je ne serais pas du tout surpris si les résultats étaient sensiblement les mêmes dans les deux cas, c'est-à-dire si la proportion d'étudiants indépendantistes s'avérait aussi forte dans la deuxième situation que dans la première. Si tel était bien le cas, on serait en face d'un indice sérieux tendant à démontrer la force et la consistance du sur-moi indépendantiste déjà bien en place, antérieurement à tout effort de réflexion consciente sur le sujet.

LE SUR-MOI INDÉPENDANTISTE ET LE MOI SCOLAIRE

Ces dernières considérations m'amènent à examiner de plus près le sur-moi indépendantiste en rapport avec le moi scolaire. Jusqu'ici, c'est l'enracinement profond du sur-moi dans les couches vitales du ça autoconservateur qui a surtout été souligné. Il faut quand même bien prendre conscience que le sur-moi ne se développe pas directement à partir du ça. Le mécanisme de genèse et de formation du sur-moi passe obligatoirement par le moi, surtout scolaire, par l'éveil de la conscience à la réalité extérieure, par l'apprentissage des fonctions mentales et par l'exercice de la rationalité. L'interdépendance des trois

---

33. Cf. interview de Gaston Miron par Jean Basile, dans *le Devoir,* 18 avril 1970, p. 15.

niveaux psychologiques du ça, du moi et du sur-moi apparaîtra ainsi plus manifestement.

Il existe, à l'heure actuelle, une correspondance très forte entre l'adhésion au Parti québécois et le degré de scolarité [34]. Chez les péquistes, surtout parmi les plus jeunes, la proportion de gens qui ont dépassé le niveau des études secondaires ou même qui ont complété des études universitaires est bien plus haute que dans l'ensemble du Québec. Par ailleurs, dans le milieu proprement universitaire, l'enquête déjà mentionnée, effectuée à Laval, établit que les plus actifs, les plus engagés des contestataires figurent parmi les plus doués intellectuellement [35]. Dans l'état des données présentes, il semble donc y avoir un lien entre une activité plus vive et plus consciente du moi intellectuel et scolaire, et l'existence d'un sur-moi indépendantiste plus vigoureux et plus politisé. Tout porte à croire que ces deux dimensions psychologiques s'influencent et se nourrissent mutuellement. D'une part, le moi scolaire tend, par une connaissance plus pénétrante et plus approfondie du milieu québécois, à élargir et à consolider la structure du sur-moi indépendantiste. D'autre part, celui-ci attise le désir d'information et d'analyse, et pousse à un travail de réflexion plus précis et plus acharné sur la réalité québécoise.

Nous analyserons plus longuement, dans un autre chapitre, l'influence du sur-moi indépendantiste sur le moi scolaire. Pour le moment, je voudrais montrer, par quelques illustrations, comment ce dernier est susceptible de jouer un rôle déterminant vis-à-vis du sur-moi indépendantiste. Ce que je dénomme le moi scolaire ne se limite pas d'ailleurs à la réflexion consciente menée et aux connaissances acquises à l'intérieur des cadres scolaires formels. Il peut souvent les déborder et s'appliquer avec autant d'à-propos à tous les média de connaissance et d'information qui fonctionnent en dehors de l'école proprement dite, à tous les instruments d'analyse du réel qui font partie de ce que l'on convient de plus en plus d'appeler l'« école parallèle », bref à tout ce qui peut entrer dans la conception nouvelle de l'éducation permanente.

Un des éléments du savoir qui m'apparaissent exercer présentement une fonction décisive à l'égard du sur-moi indépendantiste nous

---

34. Cette donnée ressort d'une recherche non publiée, faite par le Comité national d'organisation du Parti Québécois, et portant sur le *membership* avant la campagne électorale.
35. Voir le compte rendu de la recherche des sociologues de l'Université Laval dans le journal *le Devoir* du 2 décembre 1969, p. 6.

est fourni par la démographie [36]. La conscience indépendantiste s'assoit de plus en plus sur des données démographiques capables de mieux cerner l'évolution des forces vitales françaises au Québec comme au Canada et aptes ainsi à sensibiliser les Québécois au danger de dégénérescence qu'ils courent actuellement. Il est remarquable de constater la tendance indépendantiste à tenir l'argument démographique comme l'un des plus puissants soutiens de son idéologie. Par là, le sur-moi retrouve ses racines profondes dans les pulsions autoconservatrices du ça. Il serait bien éclairant de déterminer empiriquement le degré d'influence dont a pu jouir l'argumentation démographique dans la formation du sur-moi indépendantiste. Chose certaine, les manifestations actuelles du savoir démographique semblent travailler davantage en faveur du sur-moi indépendantiste qu'à son détriment.

Les connaissances relatives à la linguistique, à l'analyse de la langue française au Québec dans sa corruption, ses avatars, son caractère hybride, ses difficultés d'incarnation dans la vie quotidienne du travail et des loisirs, iraient aussi, je crois, dans le même sens que la démographie, c'est-à-dire qu'elles tendraient aussi à servir de soutien rationnel au sur-moi indépendantiste. Il est frappant, à cet égard, de constater la nette différence, à la fois dans l'optique et dans les conclusions, entre les travaux des Québécois anglophones et ceux des Québécois francophones. Les données empiriques publiées récemment par l'équipe Lambert de l'Université McGill font ressortir clairement ce contraste [37]. Par ailleurs, on aurait peut-être là la clef du fort pourcentage d'abstentionnisme des francophones aux travaux de la Commission Gendron. Sentant, à tort ou à raison, qu'en définitive, cette Commission fut formée par un gouvernement non indépendantiste pour en arriver à des solutions linguistiques à l'intérieur du cadre traditionnel de la Confédération, les francophones se sont peut-être par là, sous l'effet de leur inconscient, abstenus de préparer et de présenter des rapports qui, en somme, feraient fausse route et seraient dirigés vers des objectifs

---

36. Jacques Henripin et Jacques Légaré, *Evolution démographique du Québec et de ses régions, 1966-1986*. Québec, Les Presses de l'Université Laval, 1969. Robert Maheu, *les Francophones du Canada, 1941-1991*, Montréal, Ed. Parti pris, « Documents », n° 2, 1970.

37. Il s'agit d'enquêtes psychologiques réalisées par une équipe de chercheurs de McGill sous la direction du professeur W. E. Lambert. Ils ont étudié les effets sur de jeunes anglophones de Saint-Lambert d'un bain de quatre ans dans l'enseignement en français. On trouve un compte rendu des résultats de cette recherche dans *The Gazette*, 5 juin 1970, p. 1 et 8.

considérés comme non avenus et non souhaitables. En tout cas, l'attitude du sur-moi indépendantiste des jeunes vis-à-vis des études scientifiques et des recommandations de la Commission Dunton-Gagnon m'apparaît, elle, bien significative. Elles laissent les jeunes indifférents tant et aussi longtemps qu'elles s'inscrivent dans le courant confédératif et bilingue. Par contre, l'intérêt est grand, voire enthousiaste, pour toutes les études linguistiques qui se trouvent polarisées par l'objectif d'un Québec souverain.

Des remarques analogues pourraient être faites en ce qui concerne la connaissance de l'histoire du Canada et du Québec [38], de l'anthropologie, de la sociologie, des théories socio-économiques de caractère marxiste ou socialiste, etc. Nous aurons l'occasion d'y revenir plus loin. Il suffit, pour le moment, de bien dégager l'idée fondamentale que je veux souligner ici : à savoir que le sur-moi indépendantiste ne s'est pas constitué sans l'influence considérable d'un moi intellectuel et scolaire, surtout dans le domaine des sciences de l'homme. Par là se voit affermie, indirectement, mon hypothèse que le sur-moi indépendantiste est plus tributaire d'images et de perceptions relatives à l'homme en situation, à l'homme socio-politique qu'il ne l'est de celles concernant des ressources et des biens matériels.

Le sur-moi indépendantiste ne forme pas un bloc monolithique. Il se compose de plusieurs strates mentales, affectives, idéologiques. En réalité, sur le fonds commun décrit jusqu'ici viennent se superposer au moins trois univers psychologiques différents. Ce sont celui de la contestation active et radicale, celui de l'anarchie libertaire ou de la contestation marginale et celui du réformisme social, économique et politique. Si ces trois mondes idéologiques, à l'intérieur du sur-moi indépendantiste, possèdent souvent des traits communs ou s'ils s'entre-mêlent et s'entrecroisent dans leurs qualités respectives, il n'en reste pas moins qu'ils affichent des caractères bien spécifiques par lesquels ils exercent une action propre sur le sur-moi indépendantiste et le colorent ainsi de nuances fort variées.

LES RADICAUX DU SUR-MOI INDÉPENDANTISTE

L'univers de la contestation active et radicale se distingue, entre autres, par son idéologie d'engagement direct et presque inconditionné

---

38. Cf. note 9 de ce chapitre.

dans l'action révolutionnaire [39]. Même si les deux autres univers relèvent eux aussi de l'idéologie à cause de leur appartenance au sur-moi, c'est ici, dans le monde de la contestation radicale, que l'aspect idéologique est le plus vigoureux et le plus structuré, que le sur-moi, en somme, est le plus développé. Chez les anarchistes libertaires, le ça et ses pulsions sexuelles, sa vitalité libidinale, sont spécialement actifs à l'intérieur du sur-moi. Pour les réformistes, le moi conscient, perceptif prend particulièrement de l'importance au sein du sur-moi. Tandis que chez les contestataires radicaux, c'est comme si le sur-moi existait et fonctionnait davantage à l'état pur, en étant moins soumis aux poussées du ça sexuel et moins dépendant d'un moi réaliste, sans cesse à l'affût d'une adaptation au monde extérieur.

L'idéologie radicale s'inspire largement de sources marxistes et socialistes. Cela ne veut pas dire qu'elle soit uniforme dans sa pensée. Elle est loin de professer un seul type de marxisme ou de socialisme orthodoxe. On peut affirmer d'elle ce que notait Maximilien Rubel, en présentant un compte rendu critique du volume d'Alain Touraine sur *le Mouvement de mai ou le communisme utopique* : « [L'enseignement sociologique de Karl Marx] — le plus souvent à l'encontre de l'idéologie marxiste officielle — a animé les groupes les plus dynamiques qui ont fécondé le mouvement de mai [40]. »

En réalité, on trouve à l'intérieur de cet univers un véritable syncrétisme d'idéologies révolutionnaires de tout acabit. On y rencontre des marxistes purs ou des néo-marxistes, des maoïstes, des léninistes, des trotskystes, des castristes, des che guevaristes, des ho-chi-minhiens, des bakouniniens, des proudhoniens, des staliniens, etc. Il ne faut pas croire que chacune de ces tendances soit fortement représentée par des groupes bien organisés, avec des objectifs, des méthodes et des plans d'action nettement définis et poursuivis. Il semble au contraire que ces nuances idéologiques soient davantage le lot d'individus comme tels ou de petits groupes assez peu structurés. D'ailleurs, il n'est pas question ici de faire un relevé empirique des effectifs et de l'organisation concrète de cet univers ; il s'agit bien plutôt de tenter un essai d'interprétation de son sur-moi.

---

39. L'action révolutionnaire dont il est question ici n'implique pas nécessairement la violence physique et le terrorisme, bien qu'elle ne les exclue pas non plus.
40. Maximilien Rubel, « Note critique. Révolte et Utopie. A propos du livre de A. Touraine, *le Mouvement de mai ou le communisme utopique* », dans *Revue française de sociologie*, vol. 10, n° 1, janvier-mars 1969, p. 85.

Ce qui rassemble les tenants de ces orientations diverses et leur confère une certaine unité face aux autres univers, c'est d'abord leur passion pour la pensée théorique, pour la réflexion que j'appellerais « philosophique » et « moraliste ». Ce sont nettement les « penseurs » du sur-moi indépendantiste. Ils recherchent les systèmes d'idées susceptibles d'éclairer le mieux possible l'ensemble des problèmes qui grèvent le présent et taxent l'avenir du Québec. En même temps, ils essaient d'en dégager les normes de conduite aptes à justifier et à « dynamiser » leurs programmes d'action. Ils me font penser aux intellectuels révolutionnaires du XIXᵉ siècle, chez qui l'enthousiasme idéologique alliait, dans une symbiose admirable, connaissances scientifiques solides, vision philosophique pénétrante de l'histoire et de son évolution et sens moral aigu des plus hautes valeurs humaines.

Du reste, c'est précisément une autre caractéristique de l'idéologie radicale qu'elle s'alimente si abondamment d'emprunts à la pensée étrangère socialiste ou marxiste. Étant habitués à la systématisation idéologique, les représentants de cet univers digèrent facilement et assimilent rapidement les grands penseurs révolutionnaires. D'ailleurs, leurs attitudes affectives et mentales vis-à-vis d'eux impliquent souvent un engagement émotif profond, une adhésion viscérale, non seulement aux idées de ces penseurs, mais aussi à leur rôle dans l'histoire, à leur charisme de créateurs de sociétés nouvelles. C'est comme s'ils s'identifiaient dans leur sur-moi à ces héros, la plupart du temps lointains, soit dans le temps, soit dans l'espace, au point de les concevoir comme des êtres éminemment vivants et présents, dont ils sentent la chaude haleine et la flamme généreuse. Dans l'idéologie radicale, c'est comme si le passé et le futur fusionnaient dans une espèce de présent perpétuel, d'éternité révolutionnaire. On peut comprendre alors ce que Decouflé appelle l'absence d'historicité de la révolution : « La révolution se saisit dans sa nature au-delà du temps — dans l'immédiat, qui ne le constitue pas encore, et dans la durée qui lui échappe [41]. » Le sur-moi des contestataires radicaux serait, dans cette perspective, celui qui par excellence valorise le présent, non pas n'importe quelle sorte de présent, mais celui qui efface le passé de rêve et fixe immédiatement, dans un *nunc* perpétuel, la félicité de demain à laquelle on aspire. C'est peut-être un tel besoin du présent, de l'immédiat plénier qui expliquerait ce sens

---

41. A. Decouflé, *Sociologie des révolutions,* Paris, Presses Universitaires de France, « Que sais-je », nᵒ 1298, 1968, p. 11.

de l'urgent, cette hâte fébrile à tout renverser, ce prurit du « tout et tout de suite » si typique des contestataires radicaux.

Un autre aspect notable de leur sur-moi réside dans l'insistance qu'ils mettent sur l'importance des rapports socio-économiques pour expliquer les côtés honteux et inhumains des sociétés passées et présentes et pour travailler à l'avènement des sociétés de demain. Le sur-moi des radicaux met davantage l'accent sur l'économique que le sur-moi des libertaires et des réformistes. Ou, pour être plus précis, la dimension économique de la société, pour les radicaux, se situe davantage dans le sur-moi, tandis que pour les libertaires et les réformistes, elle se réfère davantage respectivement à leur ça ou à leur moi. En effet, il est capital, pour les radicaux, de renverser jusqu'aux fondements économiques de la société, d'éliminer toute forme d'exploitation économique, source et modèle de toutes les autres aliénations, de niveler dans et par la lutte des classes toutes les inégalités et les subordinations matérielles et sociales. C'est là le sens profond de leur idéologie et de leur action révolutionnaires. C'est dans cette voie qu'une société peut véritablement se transformer et devenir une société authentiquement nouvelle et humaine. Tout le reste ne serait, à leurs yeux, que cataplasme, « réformettes » et leurre monumental !

Il est évident qu'un sur-moi économique de cette nature n'envisage pas l'économie à la façon du libéralisme du XIXᵉ siècle ou du capitalisme contemporain. L'économie n'est plus considérée comme chose, marchandise, valeur d'échange, mais comme rapport humain et social. Une telle optique, intégrée à un sur-moi indépendantiste, peut rendre compte du glissement idéologique qui s'est opéré dans la pensée de la revue *Parti pris* et de ses collaborateurs. Sous l'influence de quelques sociologues québécois, le concept de classe sociale, si important dans le marxisme, s'est vu insensiblement transposé sur le plan de la nation et appliqué à l'ensemble de la société québécoise soumise à la domination des Américains et des Canadiens anglais [42].

Quoi qu'il en soit de cette dernière explication, un fait demeure incontestable : la conception marxiste ou socialiste de l'économie, typique de la section radicale du sur-moi indépendantiste, est étroitement

---

42. Charles Gagnon, « les Classes sociales au Québec et l'insurrection de 1837-1838 », dans *Parti pris*, vol. 4, nᵒˢ 9-12, p. 76-101 ; Gilles Bourque et Luc Racine, « Histoire et idéologie », *ibid.*, vol. 6, nᵒˢ 5-6, p. 33-51.

unie aux relations humaines et sociales. Voilà pourquoi, à mon avis, elle a permis à cette aile radicale de tenter, beaucoup plus que dans l'aile libertaire ou réformiste, des rapprochements sérieux avec les ouvriers, surtout les jeunes, en vue de les éveiller à leurs problèmes et de les engager dans des formes d'action révolutionnaire. Le travail d'éducation, de « conscientisation », d'animation, mené par plusieurs leaders des comités ouvriers ou des comités de citoyens, s'inspire exactement de cette philosophie. La même remarque s'applique au nouveau Front d'action politique, à Montréal (FRAP), à la section québécoise de la Compagnie des Jeunes Canadiens ainsi qu'à l'action énergique du Conseil central des syndicats de Montréal, sous l'impulsion du fougueux Michel Chartrand. Nous aboutissons ainsi au curieux paradoxe d'un début de rencontre du sur-moi indépendantiste, dans son expression idéologique la plus articulée et la plus radicale, avec cette portion de la société la plus désemparée, la plus muette et la moins « idéologisée ».

Dans cette conjoncture, il est permis de se demander si ce rapprochement des extrêmes eût été possible en dehors de l'existence d'un sur-moi d'abord et avant tout indépendantiste. Si, comme vient de le souligner Fernand Dumont, un certain nombre de personnes de sa génération ont été amenées à l'indépendantisme par la voie du socialisme ou du marxisme [43], il m'apparaît bien plus conforme à la réalité de soutenir qu'un plus grand nombre encore, du moins chez les jeunes, sont parvenus à une vision socialiste ou marxiste de la société québécoise par le truchement et sous l'influence de leur option indépendantiste. Ce serait en tout cas une hypothèse féconde à vérifier ! Comment, par exemple, expliquer ce qui me semble, depuis quelques années, une perte sérieuse de prestige et d'influence de la Jeunesse ouvrière chrétienne (J. O. C.) auprès des jeunes ouvriers et des autres mouvements de jeunes ? Il ne suffit pas d'invoquer un motif religieux. Le fait que la J. O. C. n'ait pratiquement jamais eu de sur-moi nationaliste, même pas religieux, ajouté au fait qu'elle n'ait pas adopté une position indépendantiste à cause de son caractère officiel de mouvement de l'Église, n'est peut-être pas du tout étranger au peu d'emprise qu'elle possède maintenant auprès des jeunes ouvriers.

43. Fernand Dumont, conférence prononcée à Québec le 6 juin 1970 ; voir des extraits dans le Devoir, 9 juin 1970, p. 5-6.

À certains égards, l'idéologie radicale affiche des traits semblables à ceux des mouvements millénaristes. Ces derniers, dit Jean Servier, « se sont identifiés, au fil des siècles, avec le peuple et la notion mystique du peuple pur est née de leur élan, pour devenir doctrine révolutionnaire [44] ». Dans la mesure où elle tend à se définir comme plus populiste qu'élitiste, où elle vise la refonte complète de la structure économique et sociale d'une société, l'idéologie radicale tient d'un certain millénarisme avec la différence essentielle, toutefois, que ce dernier se projette totalement vers le futur, tandis que la première valorise grandement le présent révolutionnaire. En outre, comme pour le millénarisme, l'idéologie radicale me semble mettre fortement en relief l'image du père, dont elle veut, presque obsessionnellement parfois, répéter l'aventure de la découverte et de l'exploitation de la Terre promise [45].

L'identification agressive avec le père, que l'on peut déceler dans le sur-moi indépendantiste de l'idéologie radicale, se trahit quelquefois par des explosions de violence et de haine. L'action dévastatrice du Front de libération du Québec (FLQ), depuis 1963 et encore de nos jours, en est un exemple percutant. On dirait que l'image du père sécrète toujours dans ce mouvement une hostilité profonde à l'endroit de ceux qui en représentent encore les symboles dans notre société, c'est-à-dire vis-à-vis des Anglais ou d'autres détenteurs du pouvoir surtout économique. Cela me paraît être une illustration éclatante d'une peur de la castration pas encore éliminée, d'un complexe d'Œdipe insuffisamment dépassé.

LES LIBERTAIRES DU SUR-MOI INDÉPENDANTISTE

L'univers de l'anarchie libertaire ou de la contestation marginale présente, lui, des caractères bien différents. On assiste ici à une espèce de triomphe, au sein du sur-moi indépendantiste, des pulsions sexuelles du ça. Il ne s'agit plus tellement de s'engager dans un combat sans merci, dans une lutte à mort contre les forces du désordre économique et social. L'ennemi, en un sens, est trop puissant ; au lieu de l'attaquer directement, on le conteste par l'évasion, l'ironie, le ridicule, quand ce n'est pas l'insulte. C'est l'idéologie du monde hippie, par contraste avec

---

44. Jean Servier, *Histoire de l'utopie*, Paris, Gallimard, « Idées », n° 127, 1967, p. 358.
45. Jean Servier, *ibid.*, p. 347.

celle du monde yppie, décrite plus haut ; c'est l'idéologie, souvent narcissique, des contestataires marginaux, de ceux qui contestent pour le plaisir de contester (*for the kick*), de fausser les rouages d'une société jugée inacceptable.

Mais il y a plus sérieux, plus profond, dans une telle attitude. Elle comporte, en définitive, un refus tout aussi complet de la société actuelle que dans l'idéologie radicale, mais avec une coloration bien particulière et selon un dynamisme psychologique tout à fait spécial. Le sur-moi libertaire et anarchique se rebelle avant tout contre la société dite de consommation. Il y a deux aspects en elle qui le rebutent au premier chef : la contrainte impersonnelle, anonyme, bureaucratique d'une immense « société-machine » bien huilée et orchestrée par la technique et les technocrates ; et puis l'opulence gaspilleuse d'une société qui ne recherche que le profit pécuniaire et qui, à cette fin, ne gave les individus de biens secondaires, voire superflus (gadgets de toutes sortes !), que pour mieux les endormir et les manipuler. Dans les deux cas, le résultat est le même : l'homme, particulièrement le jeune, se sent brimé, captif, aliéné au sein d'une telle société. Voilà pourquoi il veut en secouer le joug et renverser cette idole oppressive.

Les conditions objectives aliénantes, qu'elles soient d'ordre social, économique ou politique, ne manquent pas dans la société de consommation pour justifier ce sentiment d'impuissance et de nausée ressenti par les jeunes devant elle. De nombreuses études les ont analysées avec une lucidité impitoyable [46]. Mais ce qui distingue, entre autres choses, l'idéologie libertaire de l'idéologie proprement révolutionnaire, c'est que celle-ci s'attache davantage au caractère objectif de ces conditions économiques et sociales oppressives. Elle dénonce l'objectivité structurelle des rapports socio-économiques d'exploitation et de domination. En somme, elle utilise surtout le schéma marxiste d'interprétation de la société. Tandis que l'idéologie libertaire, elle, à partir de ces conditions abusives, insiste beaucoup plus sur les répercussions subjectives qu'elles entraînent. L'attention se porte davantage sur ce que les hommes eux-mêmes ressentent face à la société de consommation, sur leurs sentiments de liberté brimée, de bonheur factice et de puissance châtrée. La vision socio-économique valorisant l'objet extérieur prime moins dans l'idéologie libertaire ; c'est plutôt le coup d'œil culturel,

---

46. Voir entre autres les principaux ouvrages de Marcuse déjà cités.

anthropologique, valorisant le sujet humain, qui s'impose. On parle davantage, dans l'univers de ce sur-moi, de nouveaux styles de vie à adopter, de nouveaux modes d'être à instaurer. L'idéologie radicale se concentre plutôt sur le *faire* ; l'idéologie libertaire, sur l'*être*. Cette dernière idéologie est, en quelque sorte, plus métaphysique que la première. En tout cas, précisément par son insistance sur les thèmes de bonheur, de liberté, de jouissance vraiment désaliénée, elle s'arc-boute davantage sur les profondeurs du ça et de ses pulsions libidinales.

Le schéma marxiste fait place ici à un autre schéma, de type plutôt marcusien, où l'influence freudienne est importante. Pour Marcuse, en effet, tout l'enjeu de notre civilisation consiste à se défaire de l'étreinte étouffante d'un principe de réalité trop mathématiquement rigoureux, trop « technicisant », trop rationaliste, pour retrouver la fraîcheur, la joie de vivre, la spontanéité du principe de plaisir. Avec ce dernier, l'homme redécouvrirait la polyvalence du pouvoir créateur et d'une liberté sortie de ses entraves ; il cesserait d'être un homme « unidimensionnel ». Le progrès possible, dans cette nouvelle situation, serait un progrès qualitatif, humanitaire, où le repos et la jouissance auraient droit de cité, par opposition à un progrès quantitatif, technique, fondé sur le travail servile et l'ambition effrénée. Dès lors, il est bien prévisible qu'une telle conception de la vie en société puisse cadrer avec l'idéologie du sur-moi libertaire et lui servir de modèle et d'inspiration [47].

Bien loin de propulser les jeunes à l'action proprement révolutionnaire et à l'engagement direct dans la refonte radicale de la société, l'idéologie anarchique et libertaire les conduit souvent à se dégager des barrières et des contraintes sociales de toutes sortes. Elle les amène à démissionner, à « débarquer » de la société. Plusieurs jeunes Québécois, à l'instar de nombreux autres jeunes des États-Unis ou d'ailleurs, tendent manifestement à contester leur société en s'évadant d'elle, en refusant d'assumer ses mœurs, ses habitudes, ses règlements, son éti-

---

47. L'idéologie libertaire, d'inspiration largement freudienne, m'apparaît être un phénomène social d'abord et avant tout américain. Il a pris naissance aux Etats-Unis et de là, il s'est propagé un peu partout dans le monde. Sa présence au Québec montre que cette société est peut-être plus profondément influencée par les Etats-Unis que l'on veut bien le croire. La confluence dans plusieurs sociétés des deux idéologies : l'une radicale et l'autre libertaire, pourrait expliquer la vogue actuelle dont il a été fait mention, au chapitre précédent, du freudo-marxisme dans l'analyse des mouvements révolutionnaires contemporains.

quette, son lieu géographique même. Voilà pourquoi leur contestation peut s'appeler marginale. C'est ce qui les pousse à se lancer dans l'aventure des voyages à l'étranger, à se constituer en petits groupes naturels, en « communes », de préférence à la campagne, à réagir fortement contre les coutumes vestimentaires et hygiéniques d'une société qui a le culte exagéré de l'ordre mécanique et de l'asepsie, à entreprendre fréquemment les « voyages » de la drogue, à dévaloriser le travail pour le travail afin de jouir d'un farniente bienfaisant, à s'adonner à des formes nouvelles de délinquance ou de déviance sociale, etc.

Par ailleurs, le sur-moi libertaire ne comporte pas uniquement des mécanismes de retrait et d'émancipation de la société technologique à outrance. Il provoque aussi des mouvements d'attaque, de mise en accusation, d'agressivité, d'hostilité, de violence même à l'égard de cette société. Mais tout cet appareil de combat qu'utilise aussi l'idéologie radicale, se situe, cette fois, beaucoup plus nettement sur le plan de la parole, du symbole, que sur celui de l'action. L'importance du défoulement verbal et gestuel est patente dans l'idéologie de la contestation anarchique. Gérard Mendel consacre trois chapitres de son ouvrage à l'étude du phénomène qui permet aux mots d'exister sans les choses [48]. Il est certain que l'agressivité du contestataire anarchique, qui refuse de jouer le jeu de la société et qui, par ailleurs, entend la détruire, peut difficilement s'exprimer autrement que sur le plan symbolique, à l'aide d'images visuelles ou littéraires, de mots, de sons ou de gestes.

À cet égard, le phénomène du joual, parlé encore bien fréquemment par les jeunes du Québec, m'apparaît extrêmemeent significatif. Il me semble qu'il faut distinguer entre deux sortes de joual : le joual paisible, placide même, non dépourvu d'humour, des jeunes qui n'ont pas eu l'opportunité, au foyer ou ailleurs, de s'éduquer à une langue correcte et qui, bien souvent à cause de leur milieu de travail contaminé culturellement, ne peuvent pas ne pas le parler ; et le joual coléreux, agressif, sadique même, quand il n'est pas teinté d'un brin de snobisme, de ceux qui, consciemment ou non, déversent de la sorte leur rejet de la société.

La revue le Quartier latin, de même aussi que le feuillet l'Analyseur publié durant quelques semaines à l'Université du Québec à Montréal, lors du passage controversé de Georges Lapassade, offre clairement

---

48. Gérard Mendel, la Révolte contre le père, chapitres VIII, IX et X, p. 288-336.

cette illustration d'une guerre des images et des expressions symboliques contre la société. De nombreux numéros de cette revue ont utilisé abondamment le visuel, le pictural, le gestuel, la langue joual, l'ésotérisme des mots et des images, le caricatural, pour s'inscrire en faux contre le mécanique, le rationnel et la technique bureaucratique. La différence d'approche idéologique entre le sur-moi libertaire et le sur-moi radical ressort on ne peut plus nettement d'une lettre ouverte adressée au directeur de la revue, dans laquelle on le blâme de promouvoir toutes sortes de moyens d'évasion de la société au lieu d'entreprendre la lutte concrète en faveur de la révolution socialiste [49]. Les derniers événements qui se sont produits au *Quartier latin,* entraînant la démission de toute l'équipe de direction et de rédaction, sont probablement une réaction contre cette idéologie libertaire de type imaginatif, onirique et juvénile [50].

En réalité, le sur-moi anarchique constitue un refus de l'image paternelle représentée dans le pouvoir bureaucratique et dans la technologie souveraine.

> ... la frustration actuelle collective est extrême, atteignant peut-être le point de rupture. Or, l'entité vers laquelle se dirige toute l'agressivité est le Père, à la fois parce qu'il est le tenant du Pouvoir social et celui qui a créé la civilisation industrielle actuelle [51].

On régresse vers la Mère Nature, vers la mère de l'enfance primitive, qui personnifie la chaleur, la vie, la nourriture, la paix et l'amour. (« Faire l'amour, et non la guerre ! »)

En même temps, par un de ces étranges revirements dont l'inconscient possède le secret, le sur-moi anarchique se dresse aussi contre la mère enveloppante, comblante, dont l'immersion en son sein empêche l'enfant de s'auto-identifier, de tenir pour une personne à part, unique, originale dans la société. C'est la rébellion contre l'opulence facile, envahissante, tentaculaire. Cette hostilité contre le caractère bourgeois,

---

49. Cf. lettre adressée à Roméo Bouchard, parue dans *le Quartier latin,* 52, 16, 1er-15 mai 1970, p. 30-31. Le numéro précédent, à la page 10, avait aussi présenté une lettre dans le même sens, mais qui n'avait pas l'importance de la seconde.
50. Cf. *le Quartier latin,* 52, 17, 16 mai-15 juin 1970. Ce numéro y consacre plusieurs pages et conclut à la fondation d'une nouvelle revue : *le Quartier libre.* Voir aussi : François Therrien, « l'Impasse désastreuse du Quartier latin », dans *le Devoir,* 22 juin 1970, p. 5 et 14.
51. Gérard Mendel, *la Révolte contre le père,* Paris, Payot, 1968, **p. 379.**

consommateur de la société n'est, en fait, que l'envers sadique de ce processus régressif vers la mère, de ce mouvement de retour à une phase antérieure au stade anal, c'est-à-dire à la phase narcissique-orale de l'évolution psychologique. Le comportement sadique-oral des contestataires qui mordent le sein de la mère trop bourgeoise ne s'explique, en dernière analyse, que par ce mouvement de régression vers la mère qu'ils entendent punir et même faire disparaître, parce qu'ils n'acceptent pas le père technologique et refusent de s'y identifier. C'est, en somme, l'évitement du complexe d'Œdipe, le refus de s'engager dans la voie du dépassement de la situation œdipienne [52].

La justesse de cette analyse peut se confirmer par la constatation, effectuée en bien d'autres pays et que l'on peut aussi vérifier au Québec, d'une forte corrélation positive entre le sur-moi anarchique des jeunes et leur appartenance aux classes moyennes et bourgeoises. « Nous avons vu, dit André Stéphane, que pour le contestataire la lutte contre le père se confondait avec la lutte contre sa propre classe (bourgeoise) ; les fils et filles de bourgeois se sont attaqué à leurs parents non parce que leurs parents les écrasaient, mais au contraire en raison de leur indulgence [53]. » Il est assez rare, en effet, de voir des jeunes de familles pauvres partir en guerre contre l'aisance et le confort. Ils peuvent livrer bataille contre les détenteurs de l'argent et du luxe ; ce n'est pas parce qu'ils n'en veulent pas, de la consommation, c'est plutôt parce qu'ils y aspirent grandement.

Face à l'idéologie radicale qui, par un effet de court-circuitage mental, capsule le futur de la société nouvelle en un présent révolutionnaire de haute voltige, l'idéologie libertaire tend à revenir au passé, aux valeurs tribales du groupe naturel et spontané. Dans le paysage québécois, les libertaires font figure de McLuhaniens ! Leur besoin de paix, de sécurité et de jouissance leur fait rechercher un style de vie « communal » et la participation à des fêtes collectives (*happenings*) qui ne sont pas sans affinité avec la tradition des peuples dits primitifs. En ce sens, à travers la révolution culturelle qu'ils veulent provoquer et au-delà d'une société contraignante qu'ils cherchent à détruire, ils aspirent inconsciemment à un retour au passé, à la nature vierge, à l'Éden du ventre maternel. Par là, leur sur-moi se raccorde directement

---

52. André Stéphane, *l'Univers contestataire ou les nouveaux chrétiens, étude psychanalytique,* Paris, « Petite Bibliothèque Payot », n° 134, 1969, p. 23-57.
53. André Stéphane, *ibid.,* p. 48-49.

avec ce qu'il y a de plus fondamental dans l'homme : le donné instinctuel du ça et ses besoins les plus élémentaires.

LES RÉFORMISTES DU SUR-MOI INDÉPENDANTISTE

Au sein du sur-moi indépendantiste qui gouverne l'évolution psychologique collective des jeunes Québécois, il existe une troisième idéologie, peut-être moins forte que les deux autres en ce qui regarde le nombre de jeunes qu'elle atteint (la chose n'est pas évidente : il faudrait la cerner rigoureusement, au point de vue empirique) ou les expressions collectives dont elle se sert pour se manifester au grand public. C'est l'idéologie du réformisme, principalement dans les domaines social, économique et politique.

Les deux premières idéologies tendaient à une destruction complète de la société actuelle, par la voie de l'action révolutionnaire ou celle de la contestation marginale, en vue d'en édifier une autre tout à fait nouvelle, ou bien sur le fondement de rapports socio-économiques de qualité différente, ou bien sur celui de la primauté du principe de plaisir. L'idéologie réformiste, elle, ne contient pas une visée aussi globale ; son approche est de type plus parcellaire. Elle ne poursuit pas l'objectif d'une refonte radicale de la société sous tous les rapports ; elle cherche plutôt, à l'aide de réformes de caractère plus ou moins large selon les cas, à en améliorer les structures et les mécanismes de fonctionnement. À ce titre, elle se présente sûrement comme moins révolutionnaire que les deux autres.

Pour la même raison, elle se trouve ainsi à valoriser la dimension psychologique du moi, niveau où se situe et s'exerce le principe de réalité, c'est-à-dire cet effort conscient d'éveil à la réalité environnante pour l'adapter ou s'y adapter. Dans le sur-moi indépendantiste, nous nous trouvons donc en présence de trois idéologies : une, radicale, où le sur-moi s'avère plus structuré et plus vigoureux que dans les deux autres ; une autre, marginale, où le ça joue une fonction plus influente que dans les deux autres ; une troisième, réformiste, où c'est le moi qui occupe une place plus importante que dans les deux autres. Ces différences, évidemment, ne sont pas absolues et exclusives ; elles ne représentent que des nuances et des insistances relatives.

L'idéologie réformiste, impliquant une mise en opération plus prononcée du moi et du principe de réalité qui le régit, accepte de fonctionner sur la base de certaines valeurs ou postulats reconnus par la société, et à l'intérieur de certaines limites tracées par cette même société. Par exemple, l'idéologie réformiste reconnaîtra substantiellement — du moins pour l'instant — la valeur du parlementarisme et de la représentation qu'il comporte par le truchement de l'électorat ; du même coup, elle ne repoussera pas la loi de la majorité, du moins pas complètement. Elle n'admettra pas le principe de la violence physique ou matérielle, comme moteur nécessaire et décisif du changement social, surtout de type radical. Elle ne rejettera pas complètement le capitalisme économique dans toutes ses structures et ses orientations concrètes. Bref, le réformisme ne fait pas table rase, il ne recommence pas à zéro. Pour autant, il prend l'allure d'une idéologie plus fluctuante, plus sujette à toutes sortes de compromis — jugés honnêtes ou pas —, en un mot, d'une idéologie plus pragmatiste.

Cela revient à dire que le réformisme, beaucoup plus que le radicalisme ou l'anarchisme, s'identifie, dans une certaine mesure, à l'idéologie dominante du continent nord-américain, en particulier des États-Unis. Il est, moins que les deux autres, une idéologie d'emprunt introjectée directement dans le sur-moi par une espèce de parachutage culturel. C'est comme si l'idéologie du réformisme qui, en fait, est moins élaborée que les deux autres, plongeait ses racines dans notre terreau à nous, un terreau québécois et nord-américain, et y puisait graduellement les sucs nécessaires à sa formation [54]. En d'autres termes, le sur-moi réformiste est moins intellectuel, moins cérébral, au sens des catégories de classe sociale ou d'univers mental que ces deux épithètes peuvent laisser entendre. Ce n'est donc pas l'effet du hasard si le Parti québécois, qui me semble être présentement le groupe qui incarne le plus l'idéologie réformiste, a été mis sur pied et est dirigé par un homme qui, sauf erreur, s'est précisément défini comme un pragmatiste, par un homme qui n'est pas considéré comme faisant partie de la classe des « intellectuels » québécois.

---

54. En simplifiant un peu les choses, on pourrait dire que le sur-moi indépendantiste radical, par son amour de la théorie révolutionnaire, est d'inspiration française ; le sur-moi libertaire, par sa ferveur sentimentale, est d'inspiration germanique ; le sur-moi réformiste, par son sens empirique, est d'inspiration anglo-saxonne. Les deux premiers ont plus d'affinité entre eux qu'avec le troisième, comme les Français et les Allemands en ont plus les uns envers les autres que vis-à-vis des Anglais.

Avancer que le sur-moi réformiste est plus typiquement québécois et nord-américain que tout autre sur-moi, c'est poser l'immense problème de l'influence écologique, culturelle et sociologique de ce vaste continent sur la mentalité du Québécois en général, et du jeune Québécois en particulier. C'est même déjà impliquer, au moins sur le plan de l'hypothèse, que l'impact américain et anglo-canadien sur le sur-moi québécois et son inconscient collectif est beaucoup plus sérieux qu'on est porté à le croire. Jusqu'à quel point cet impact affecte-t-il les jeunes du Québec ? Combien de ceux-ci peuvent posséder un sur-moi réformiste ? Ma réponse, de caractère hypothétique, est double. Chez les jeunes qui n'auraient pas de sur-moi indépendantiste, les réformistes seraient très nombreux. En d'autres termes, même les non-indépendantistes ne pourraient pas pour autant être considérés comme des conservateurs et des partisans du statu quo. Chez les jeunes au sur-moi indépendantiste, les réformistes seraient bien moins nombreux, mais leur nombre grandirait dans la mesure où ils évolueraient, géographiquement ou culturellement ou les deux à la fois, hors de la portée de l'idéologie radicale ou marginale. Autrement dit, plus on s'éloignerait de Montréal, centre de ces idéologies, plus les indépendantistes réformistes seraient nombreux ; et, dans Montréal même, il y aurait plus d'indépendantistes réformistes chez les jeunes ouvriers (cols bleus et journaliers) que dans les autres catégories sociales de jeunes.

Le sur-moi indépendantiste comme tel, en vertu de son seul dynamisme interne, tendrait donc déjà à pousser les jeunes au-delà de l'idéologie réformiste. À fortiori s'il évolue dans un milieu fortement influencé par l'idéologie des radicaux ou des libertaires. Une telle manière de voir équivaut à souligner une fois de plus le caractère foncièrement radical et révolutionnaire du sur-moi indépendantiste, même lorsqu'il est envisagé à l'état pur, en faisant abstraction des sur-moi plus particuliers, d'ordre radical ou libertaire, qui pourraient s'y greffer. Même si j'estime qu'à l'intérieur du sur-moi indépendantiste, on peut trouver une idéologie simplement réformiste, même si cette idéologie me semble plus typiquement québécoise et nord-américaine que les autres, je n'en demeure pas moins convaincu que le sur-moi indépendantiste en tant que tel tend plutôt vers l'idéologie radicale ou libertaire que vers l'idéologie réformiste. D'instinct ou d'affinité inconsciente, les jeunes indépendantistes deviendraient bien plus facilement contestataires radicaux ou contestataires marginaux que contestataires réformistes. Pourquoi ? Parce que l'image première et fondamentale que véhicule le sur-moi indépendantiste, en dehors de toute idéologie radicale ou marginale, est déjà celle d'une société québécoise entièrement nouvelle et enfin complète qui naîtrait pour la première fois avec l'indépendance politique. C'est, en somme, l'image d'une révolution authentique qui s'accomplirait ! Cela est tellement vrai que, dans les débuts de l'indépendantisme, avant que le moi adaptateur ou inhibiteur n'ait eu le temps d'atténuer la force de frappe originelle de l'idée d'indépendance et d'opérer, à un niveau plus particulier, des compromis de type réformiste, tous les tenants de l'indépendance étaient indistinctement appelés des « révolutionnaires », quelle qu'ait été l'idéologie précise dans laquelle ils incarnaient cette indépendance.

Parce que le sur-moi indépendantiste est foncièrement révolutionnaire, il pèse ainsi de tout son poids dans le sens d'idéologies particulières elles aussi foncièrement révolutionnaires. Il tend à prendre forme en celles-ci. C'est ce qui explique, en fin de compte, la complicité secrète, inconsciente, qui s'établit, à l'intérieur du sur-moi des jeunes, entre leur idéal d'indépendance et leur idéologie, soit radicale, soit anarchique. Ces idéaux et ces images se rencontrent tous au carrefour de la révolution !

Comment alors rendre compte de l'existence, chez certains jeunes et dans le monde des « adultes », d'un sur-moi indépendantiste de type idéologique réformiste ? L'explication pourrait consister dans le fait que le sur-moi indépendantiste se voit contrecarré, neutralisé jusqu'à un certain point dans sa poussée révolutionnaire. Toute une série de facteurs étrangers et antérieurs à l'idéal indépendantiste interviendraient pour bloquer son éclosion naturelle en idéal révolutionnaire. Ces facteurs proviendraient de mille et une sources : de la famille, de l'éducation scolaire, de l'entourage dans le travail, des croyances religieuses, de l'expérience globale de la vie, etc. Ce serait malgré son idéal indépendantiste que le sur-moi deviendrait réformiste ou simplement le demeurerait.

J'ai déjà signalé, en passant, que l'idéologie réformiste se retrouvait surtout à l'intérieur du Parti québécois. En effet, ce mouvement politique se définit fondamentalement comme un groupe recherchant, outre l'indépendance politique, un ensemble de modifications plus ou moins profondes de la société québécoise, mais dans le cadre de normes et de valeurs déjà en cours dans cette société, ou du moins idéalement reconnues par elle. La meilleure illustration de cette mentalité réformiste du Parti québécois réside dans son objectif essentiel d'une association économique et monétaire du Québec avec le reste du Canada. D'ailleurs, le programme officiel du Parti québécois, dans son ensemble, peut s'interpréter dans le sens du réformisme. C'est là que le sur-moi indépendantiste s'applique le plus à tenir compte des contingences extérieures, à faire jouer le moi et son principe de réalité dans l'évaluation des circonstances susceptibles d'influer sur la mise en place des objectifs et sur l'aménagement des moyens d'action.

Ce côté plus « réaliste » du sur-moi indépendantiste se manifeste par l'importance qu'on accorde, au sein du Parti québécois, aux analyses poussées, aux études approfondies, à la compétence professionnelle et technocratique. C'est un mouvement qui n'aime pas se diriger dans l'à-peu-près et selon n'importe quelle méthode « artisanale ». Voilà pourquoi il attribue un mérite, une efficacité particulière à la planification, à la recherche, à l'expertise professionnelle. Du coup, il se trouve, dans son travail, à valoriser fortement la dimension de l'*achievement,* du futur. À l'encontre de l'idéologie radicale qui se braque sur le présent révolutionnaire, et de l'idéologie libertaire qui retourne au passé de la nature, l'idéologie réformiste se concentre sur le futur à prévoir soigneusement et à incarner graduellement. Ce n'est pas le « tout ou rien » immédiat qui l'intéresse au plus haut chef; c'est le changement progressif, toujours dans la ligne de l'objectif, c'est le processus dynamique mais graduel, avançant inexorablement vers le terme. D'où l'importance, à ses yeux, du futur qui implique par nature la marche et la durée progressive dans le temps.

C'est exactement le type d'idéologie qui me semble animer le Parti québécois. Dès lors, il n'est pas surprenant qu'il se fasse accuser de peur, d'immobilisme, d'opportunisme, de tolérance outrancière par l'idéologie radicale ou libertaire. Pour ces dernières, le Parti québécois ne recherche pas la révolution ; il reconnaît tout au plus l'évolution. Il est bien évident, dans ce contexte, que l'idéal indépendantiste ne coïncide pas, dans les faits, avec l'idéologie réformiste et donc pas davantage avec le Parti québécois. En réalité, ce dernier exercerait, en temps normal [55], son pouvoir d'attraction principalement sur les jeunes

---

55. En période de campagne électorale, la situation peut changer beaucoup. La campagne électorale est vraiment un temps exceptionnellement « anormal ».

à sur-moi réformiste ; quant aux autres jeunes, il aurait bien de la difficulté à les amener en son sein. On pourrait même faire l'hypothèse que les radicaux et les libertaires appartiennent officiellement au Parti québécois et surtout y militent activement en nombre bien plus restreint que les réformistes. Et plus ils incarneraient purement l'idéologie radicale et libertaire, moins ils appartiendraient au Parti québécois. Ils n'en seraient pas moins soumis à l'emprise du sur-moi indépendantiste. Cette façon de voir pourrait nous aider à comprendre pourquoi tous les jeunes indépendantistes ne font pas partie ou ne veulent pas faire partie de ce mouvement indépendantiste. Il y aurait même lieu de penser que cette opposition entre, d'une part, l'idéologie réformiste et, d'autre part, l'idéologie radicale ou libertaire, maintient davantage de jeunes indépendantistes en dehors du Parti québécois qu'en dedans. En outre, parmi les indépendantistes qui n'adhèrent pas à ce parti, la proportion est plus grande chez les jeunes que dans les autres groupes d'âge. Si cela s'avérait exact, l'accusation, encore souvent proférée, que le Parti québécois est un parti de jeunes serait battue en brèche.

Dans une certaine mesure, les mouvements indépendantistes des débuts (je ne parle plus ici du Parti québécois dans sa forme actuelle, quoiqu'il puisse y subsister quelques faibles vestiges du phénomène que nous allons décrire) reflétaient l'une ou l'autre des caractéristiques propres aux mouvements utopiques de l'histoire. Jean Servier décrit ces derniers de la façon suivante :

> L'utopie représente les aspirations de la bourgeoisie, à l'opposé de toute pensée révolutionnaire, de toute régénération de la société par la seule vertu mystique du peuple. Sans doute elle a conscience des inégalités de la société et du fossé qui sépare riches et pauvres, mais elle résout tous les problèmes sociaux par une planification qui, élaborée par les princes-philosophes, n'a pas à être discutée ni remise en question.

> Le lien qui existe entre les auteurs des différentes utopies est constitué par des aspirations analogues, en réalité les aspirations d'une même classe sociale que caractérisent un même refus de la violence dans la résolution des conflits sociaux et un refus de l'universalisme ; on pourrait parler du nationalisme utopien opposé à l'universalisme millénariste. La cité radieuse exige de ses citoyens un même amour du travail régulier, de la vie décente mais modeste : un idéal bourgeois que ne pourra plus venir troubler le cri de ceux qui veulent réaliser en ce monde la société

sans autres lois que la voix des consciences individuelles harmonieusement accordées, lorsque les Temps seront venus [56].

Pour autant qu'on retrouve, aux origines des mouvements indépendantistes, la présence de plusieurs membres appartenant à la bourgeoisie, préoccupés de leurs intérêts de classe et encore aux prises avec une forme de nationalisme désuet, coupé des besoins réels de la classe populaire, on peut certes parler d'une certaine influence de l'utopie sur l'idéal indépendantiste. Mais le poids du sur-moi indépendantiste et réformiste allait bientôt orienter le Parti québécois dans une voie moins utopique. À cause précisément de sa plus forte insistance sur l'activité du moi et de son principe de réalité, l'idéologie réformiste, au sein du Parti québécois, ne pouvait pas faire abstraction de l'idéal révolutionnaire déjà épousé par certains de ses membres et surtout énergiquement prôné par les nombreux jeunes indépendantistes en dehors du parti. Or, cette idéologie révolutionnaire présente en elle-même au moins deux traits capitaux. D'instinct, elle tend à rejoindre la masse populaire de la société concernée et, par elle et à travers elle, celle de toutes les sociétés du monde. Autant dire qu'elle revêt spontanément un caractère international. Puis, elle désire aussi que tous ses adhérents puissent collaborer, participer activement à l'œuvre de révolution, non seulement au niveau de l'exécution mais aussi à celui des décisions. L'idéologie révolutionnaire actuelle veut être idéologie de participation.

Il est assez remarquable de constater qu'au sein du Parti québécois, ces deux traits : l'internationalisme (attitude vis-à-vis de l'extérieur, des *out-groups*) et la participation (attitude vis-à-vis de l'intérieur, du *in-group*) ont été particulièrement mis en relief. D'une part, on cherche à ouvrir le plus possible le parti et la cause de l'indépendance du Québec aux réalités internationales, y compris celles qui ont trait aux néo-Québécois et aux Anglais avoisinants [57]. D'autre part, on favorise, à l'intérieur du Parti québécois, la mise en place de structures de décision et d'action à partir de la base et on fait appel aux membres dans l'élaboration des grands objectifs et des lignes maîtresses du programme.

Ces deux illustrations montrent comment il peut s'établir une symbiose enrichissante, au sein du Parti québécois, entre l'idéologie

---

56. Jean Servier, *op. cit.*, p. 358-359.
57. Voir, à ce sujet, la conférence prononcée par Fernand Dumont, le 6 juin, lors du congrès, à Québec, de la Fédération des sociétés Saint-Jean-Baptiste du Québec. De larges extraits ont été publiés dans *le Devoir*, 10 juin 1970, p. 5. Voir aussi l'éditorial de Claude Ryan à ce propos, dans *le Devoir*, 13 juin 1970, p. 4.

réformiste et l'idéologie radicale ou libertaire. Cet aspect positif n'exclut pas certains affrontements. En fait, le Parti québécois, comme le sur-moi indépendantiste, groupe des tendances fort différentes relevant des trois mondes idéologiques que nous venons de décrire : le monde de la révolution active et radicale, celui de la contestation libertaire et marginale, celui du réformisme plus ou moins prononcé. Entre ces trois tendances, les conflits latents et même ouverts restent toujours possibles. C'est une constante dialectique qui joue de l'une à l'autre, dans des mouvements d'opposition ou de synthèse sans cesse renouvelés. Les tensions, les attitudes ambivalentes, les tentations de brisure ne peuvent pas ne pas s'y trouver. Elles se manifestent crûment dans l'exemple tout à fait actuel, au moment où j'écris ces lignes, d'une aile de députés péquistes au-dedans de l'Assemblée nationale et d'une aile au-dehors. On peut aussi les détecter dans la réaction spontanément négative du parti, du moins de son président, vis-à-vis des néo-Québécois et des Anglais du Québec, immédiatement après les dernières élections provinciales.

Au terme de cette analyse de la révolution socio-politique des jeunes du Québec, il ne m'apparaît pas inutile de signaler que j'ai bien conscience d'avoir laissé de côté plusieurs autres aspects de cette révolution ou d'avoir insuffisamment exploré ceux dont il a été question ici. Je me propose de compléter le tableau présent dans l'étude plus vaste annoncée au début de ce volume. Cependant l'essentiel a été dit, en montrant l'importance considérable, chez les jeunes, du sur-moi indépendantiste. Il n'existe pas à l'état pur, nous l'avons vu, mais c'est lui qui sous-tend les trois principales idéologies particulières dans lesquelles il s'incarne et qui en réalise une certaine unité, à travers toutes les contradictions auxquelles il est soumis. Dans son sur-moi, la jeunesse québécoise est, à bien des égards, indécise, confuse et loin de faire l'unanimité. Mais elle tend secrètement à se concentrer dans la force révolutionnaire du sur-moi indépendantiste et à se rassembler autour de cet idéal, si incomplet et si temporaire soit-il. On parle toujours de la nécessité d'assigner un idéal aux jeunes pour que leurs énergies deviennent productives. Elle en a déjà un et elle en vit déjà intensément ! Au nom du réalisme dont aime à se targuer la société technologique d'aujourd'hui, pourquoi ne pas l'admettre concrètement et en tenir compte effectivement ? Ce serait là un motif d'espoir !

CHAPITRE III

RÉVOLUTION SCOLAIRE

Dans la triple révolution socio-politique, scolaire et sexuelle qui agite et transforme profondément la jeunesse actuelle du Québec, la révolution scolaire appartient tout particulièrement à l'univers du moi. C'est, en effet, surtout au sein de l'école (entendue au sens très large de tout le réseau, formel et informel, de représentations du monde et de transmission des connaissances) que la jeunesse exerce et avive sa faculté de conscience, s'adonne plus complètement et plus systématiquement aux activités de perception du monde extérieur. C'est là que, dans un combat quotidien, elle se confronte, elle se « colletaille » mentalement avec la réalité de son milieu environnant et de toute la société où elle vit.

Je dis bien : une confrontation mentale, au niveau de la conscience, par opposition à un ensemble d'activités de type moteur ou « motoriel », dans lesquelles c'est le Faire qui prédomine, beaucoup plus que le Percevoir ou le Penser. Il est bien entendu que le moi entre aussi en contact avec le réel extérieur par ce genre d'activités motrices. Peut-être même que celles-ci y plongent le moi encore bien plus que les activités dites mentales. C'est ce qui permettrait de comprendre, par exemple, que les jeunes ouvriers font souvent beaucoup plus preuve de réalisme que les étudiants.

Toutefois, il m'apparaît que c'est précisément l'activité mentale, avec le degré plus ou moins accusé de conscience qu'elle implique, qui constitue l'une des caractéristiques les plus importantes du phénomène contemporain qu'est la jeunesse. L'univers général de la jeunesse, qui se structure de plus en plus à l'échelle du monde entier, se distingue précisément de l'univers adulte, entre autres facteurs, par cette possibilité accrue d'exercer à temps complet ses facultés mentales, de concentrer plus longuement son attention et ses énergies sur le Penser plutôt que sur le Faire. Celui-ci, surtout lorsqu'il s'agit d'activités très simples de type manuel ou mécanique, est loin, du moins dans notre contexte industriel, de favoriser la prise de conscience de soi et des autres. Au contraire, il incline à l'hébétude, à la lassitude végétative ou animale, à une espèce de nirvāna, cette fois préconscient au lieu d'être surconscient [1]. Si ce Faire est en plus réalisé par des jeunes ouvriers peu scolarisés et peu éduqués mentalement, il les incite encore moins à la pensée et à la réflexion. Ils versent alors aisément dans des habitudes toutes faites et dans l'automatisme. Il faut peut-être voir là cette tendance de la société (à laquelle les intéressés se rallient) consistant à identifier immédiatement au monde des adultes les jeunes travailleurs, même s'ils ne sont pas mariés ou s'ils sont encore des adolescents. Quoi qu'il en soit de ces réflexions, il reste évident, à mes yeux, que l'activité mentale entre comme un des éléments constitutifs du phénomène actuel de la jeunesse. C'est par là que les jeunes rejoignent, d'une façon qui leur est propre, le monde extérieur. Voilà pourquoi je traite de leur moi collectif dans le cadre de la réalité scolaire, non dans celui de la réalité du travail.

JONCTION DU MOI SCOLAIRE
AVEC LE ÇA ET LE SUR-MOI

Le monde scolaire des jeunes du Québec, parce qu'il est leur moi, se trouve au point de jonction de leur ça avec toutes ses forces vitales et explosives d'autoconservation et de sexualité [2] (toujours comprise au sens général freudien) et de leur sur-moi indépendantiste avec sa triple idéologie radicale, libertaire et conformiste. Il n'est pas surprenant dès lors qu'il soit lui-même en pleine révolution, qu'il en constitue même un des lieux privilégiés.

---

1. Les effets abrutissants du travail dans le monde industriel contemporain sont bien décrits par Georges Friedmann, *le Travail en miettes,* Paris, Gallimard, 1964.
2. Les explosions du ça sexuel seront analysées plus loin, au chapitre de la révolution sexuelle.

L'école, le collège, l'université subissent actuellement les assauts répétés d'un ça sexuel libéré, qui pousse le jeune à rechercher l'identification de soi comme personne unique, inédite et libre, au sein de ces troupeaux scolaires anonymes et jugulés. Le jeune se sent attiré par la joie de vivre. Dans ses institutions scolaires, il veut goûter au bonheur, en faire l'expérience individuelle et communautaire. Il désire ressentir le sentiment de solidarité avec ses semblables, surtout à la période d'adolescence ; il a besoin de modèles paternels dynamiques et compréhensifs. Le régime scolaire lui offre l'ennui, l'embrigadement, le travail parcellaire (« le travail en miettes », là aussi !), la bureaucratie à outrance. À cet égard, le verdict porté par l'éducateur Émile Robichaud me semble foncièrement juste :

> Nous débouchons ainsi sur l'absurde : le moyen devient une fin, une obsession. On érige de gigantesques complexes scolaires au nom de l'efficacité, obligeant ainsi les étudiants et leurs éducateurs à se soumettre aux impératifs, aux diktats administratifs. L'administration n'est plus au service de la communauté : c'est la communauté qui doit évoluer selon les décisions plus ou moins arbitraires de l'administration [3].

Par ailleurs, le sur-moi indépendantiste des jeunes fait pression sur le moi du régime scolaire pour qu'il s'engage sans tarder dans la voie de la révolution, pour qu'il se définisse comme une institution non plus à la remorque des structures contraignantes des intérêts étrangers en place mais au service de la nouvelle société québécoise à construire. En ce sens, le moi scolaire se trouve soumis aux impératifs du sur-moi, autant, sinon plus, qu'il est sujet aux poussées du ça. Il se voit pris dans l'étau de deux forces qui se resserrent sur lui. Il devient le théâtre d'une véritable dialectique, d'une révolution au sens le plus strict du terme.

Le moi scolaire, du reste, contribue activement à cette révolution. Par la prise de conscience, qu'il permet d'opérer chez les jeunes, des vicissitudes et des failles du système de l'école et de la société en général, il les pousse encore davantage à la contestation sous toutes ses formes, dans les domaines sexuel, social, économique et politique.

---

3. Emile Robichaud, *Ce pour quoi il faut contester,* Montréal, Beauchemin, 1970, p. 43. Voir aussi du même auteur, en collaboration avec Gilles Laprade : *Adolescents en détresse,* Montréal, Editions du Jour, 1968.

C'est le cas de dire avec Erich Fromm :

Certaines transformations de la structure libidinale interviennent avec la croissance des contradictions objectives et la désagrégation progressive d'une certaine forme de Société : des fixations traditionnelles entretenant la stabilité de la société disparaissent, des attitudes affectives traditionnelles se modifient. Les forces libidinales sont alors libres pour une nouvelle utilisation et changent par là leur fonction sociale. Elles ne contribuent plus à entretenir la société mais conduisent à l'édification de nouvelles formations sociales, elles cessent en quelque sorte d'être un ciment pour se transformer en explosif [4].

C'est exactement le phénomène que vit le Québec de nos jours, dans son système scolaire. À l'époque où le sur-moi québécois se nourrissait de nationalisme religieux, axé sur une mission « spirituelle » en Amérique du Nord, les collèges classiques et les universités se trouvaient parfaitement intégrés à ce type de sur-moi et en harmonie profonde avec lui. Ils fournissaient le leadership ecclésiastique et civil dont ce sur-moi avait besoin. Ils assuraient aux chefs spirituels et aux élites dites libérales la préparation professionnelle qu'il leur fallait pour réaliser leur « vocation ». En un mot, ils renforçaient, au niveau de la conscience, l'idéal véhiculé par le sur-moi, d'où ils tiraient d'ailleurs leur justification et leur vitalité. La boucle se complétait ; le cercle, (« vertueux » en ce temps-là), se fermait.

Le déchirement actuel provient de ce que l'on veuille intégrer notre système scolaire renouvelé au sur-moi d'une société dynamique, certes, bien administrée et productive, mais foncièrement semblable aux autres sociétés du Canada anglais et des États-Unis, c'est-à-dire typiquement nord-américaine et essentiellement capitaliste, jusque dans ses abus [5]. Or, cette sorte de sur-moi ne cadre pas du tout avec le sur-moi des jeunes Québécois d'aujourd'hui. L'inconscient collectif du Québec, au niveau du ça et du sur-moi, n'a jamais, en fait, accepté que cette société québécoise soit la réplique des sociétés environnantes. Il a toujours voulu pour elle au moins un statut particulier. À fortiori le ça et le sur-moi des jeunes recherchent-ils présentement une société vraiment nouvelle et distincte.

---

4. Erich Fromm, « Tâche et méthode d'une psychologie sociale analytique », dans *l'Homme et la Société*, n° 11, janvier-mars 1969, p. 34.
5. Cette attitude se manifeste tout particulièrement dans le programme du « fédéralisme rentable » de Robert Bourassa, Premier ministre du Québec et dans la décision du Premier ministre du Canada, Pierre Elliott Trudeau, de ne pas accorder de « statut particulier » au Québec.

On assiste alors au drame suivant. D'une part, on tente d'harmoniser notre régime scolaire à un sur-moi d'emprunt, sans que la tentative, du reste, réussisse tellement ; d'autre part, il n'est pas encore question, pour l'ensemble des adultes du Québec, de proposer, encore moins de réaliser, un système scolaire en fonction d'un sur-moi indépendantiste qui, pourtant, est celui d'une grande majorité des étudiants. On voit d'ici la tension créée par une telle situation. On est en présence d'un moi scolaire, avec un contenu d'enseignement, des méthodes pédagogiques et administratives relevant tant bien que mal de la société américaine [6] ou des sociétés plus traditionnelles d'Europe, qui fait face à un sur-moi indépendantiste essentiellement québécois et d'allure révolutionnaire. Qui pourrait se surprendre alors des remous et des tiraillements engendrés par un état psychologique et social aussi hybride ?

Ces contradictions du moi scolaire permettent de comprendre pourquoi les étudiants tantôt hésitent à entrer à l'école ou au collège, tantôt y entrent avec appréhension ou dépit, en sortent, y entrent de nouveau comme à contrecœur, y piétinent ou y entrent à demi et en sortent à demi. Il serait intéressant de vérifier l'hypothèse selon laquelle les facteurs déjà mentionnés expliqueraient, au moins partiellement, le phénomène grandissant (à l'Université du Québec à Montréal, il atteint pratiquement 50% de la population étudiante) de jeunes universitaires ou collégiens qui s'inscrivent comme étudiants à temps partiel. Le manque d'argent et le désir de travailler me sembleraient difficilement en être les seules explications. On pourrait y rattacher aussi le phénomène des *drop-outs,* sur lequel je reviendrai en détail, plus loin.

ASPIRATIONS SCOLAIRES ET
SUR-MOI INDÉPENDANTISTE

Pour bien évaluer la signification et l'importance de la révolution qui s'accomplit à l'intérieur de l'école, il m'apparaît utile de faire appel au concept d'« aspirations ». C'est une notion psycho-sociologique, à la fois vieille et toute neuve. Si elle a été employée scientifiquement depuis les années trente, surtout avec les travaux de Hoppe, elle vient

---

6. Les Américains disent : *Time is money.* Nous, nous disions : « Qui s'instruit s'enrichit ». Heureusement que ce slogan publicitaire du ministère de l'Education n'a pas fait long feu ! La conscience collective québécoise s'est chargée de l'étouffer !

d'être renouvelée ces derniers temps par les analyses éclairantes de Paul-Henri Chombart de Lauwe [7]. Pour lui, les aspirations correspondent à des désirs tournés vers des fins, des buts, des objets ; à des désirs orientés par des images, des signes, des symboles, des représentations. Par le fait même, les aspirations sont plus communicables par le langage que les simples besoins, surtout les plus élémentaires. « L'aspiration est le désir activé par des images, des représentations, des modèles qui sont engendrés dans une culture et contribuent en même temps à la renouveler constamment. Aussi par ses aspirations, l'individu apporte le plus intime de lui-même dans une action sociale [8]. »

Si les aspirations se trouvent ainsi « à la charnière du personnel et du social [9] », elles se situent aussi par le fait même à la charnière de l'inconscient et du conscient. D'un côté, elles se rattachent à l'inconscient par les désirs et les besoins auxquels elles sont intimement liées. De l'autre, elles débouchent sur le conscient (avec toute sa zone de préconscient) par les représentations, les images, les symboles qu'elles utilisent et par lesquels elles entrent en contact avec la réalité environnante. C'est pourquoi, d'ailleurs, Chombart de Lauwe peut faire la distinction entre des aspirations latentes et des aspirations manifestes clairement définies [10]. À cause donc de sa position stratégique au carrefour de l'inconscient et du conscient, du personnel et du social, le concept d'« aspirations » me semble un outil tout à fait approprié à l'analyse du moi collectif de la jeunesse québécoise, au sein du régime scolaire.

Les aspirations d'un individu ou d'un groupe se réfèrent forcément aux intérêts, aux valeurs, aux modèles de culture auxquels il adhère. Par là même, elles s'inscrivent dans un réseau de rapports étroits avec l'idéal du moi, avec le sur-moi qui régit les perceptions et les activités du moi. C'est ainsi que la formation d'un nouveau sur-moi, qui est souvent, du reste, occasionnée par des changements socio-économiques d'importance, entraîne presque automatiquement toute une gamme d'aspirations nouvelles en contradiction avec les anciennes ou s'y intégrant de façon plus ou moins harmonieuse. Dans cette optique, de

---

7. Paul-Henry Chombart de Lauwe, *Pour une sociologie des aspirations. Eléments pour des perspectives nouvelles en sciences humaines*, Paris, Denoël, bibl. « Médiations », 1969.
8. *Ibid.*, p. 28.
9. *Ibid.*, p. 44.
10. *Ibid.*, p. 99-103.

nombreuses études, notamment aux État-Unis et en France, ont fait ressortir vivement la liaison intime qui unit les aspirations scolaires ou professionnelles des jeunes à un ensemble de valeurs et de schémas de culture propres à la classe moyenne ou bourgeoise [11]. Ces valeurs de classe se situent, en général, à un haut niveau de généralité et souvent même sont inconscientes. C'est, en fait, ce qui leur permet de faire partie d'un sur-moi.

> [...] les valeurs à plus haut rendement explicatif sont aussi celles qui, par leur plus haut degré de généralité, sont susceptibles de nommer les relations unissant à la fois l'ensemble des conditions objectives et l'ensemble des comportements ; les sujets sociaux étant trop engagés dans la réalité pour opérer une telle totalisation sur le mode conscient, les valeurs à plus haut pouvoir explicatif se trouvent être aussi les plus inconscientes [12].

Si, aux États-Unis et dans plusieurs autres pays industrialisés, les valeurs plus ou moins conscientes de la classe moyenne ou bourgeoise rendent compte de l'intensité des aspirations scolaires des jeunes et, partant, de leur degré de scolarisation et de réussite dans les études, la situation me semble passablement différente au Québec ; en tout cas, elle présente certains traits bien propres à notre milieu. Il m'apparaît que les valeurs de classe comme telles, tout en exerçant une influence certaine sur le sens des aspirations et des orientations scolaires du Québec, cèdent le pas, en définitive, aux valeurs encore plus importantes et décisives du sur-moi indépendantiste. À cet égard, ce dernier

11. L. I. Pearlin et M. L. Kohn, « Social Class, Occupation and Parental Values : A Cross National Study », dans *American Sociological Review*, vol. 31, août 1966, p. 466-479 ; H. Gross et O. Gursslin, « Middle Class and Lower Class Beliefs and Values : A Heuristic Model », dans *Modern Sociology*, W. Gouldner et P. Gouldner, éd., New York, Harcourt, Brace and World Inc., 1963, p. 168-177 ; C. Kluckhohn et F. Kluckhohn, « American Culture : Generalized Orientations and Class Patterns », de L. Bryson *et al.*, dans *Conflicts of Power in Modern Culture*, New York, Harper, 1947, p. 106-128 ; R. Lynd et H. M. Lynd, *Middletown in Transition*, New York, Harcourt, Brace and World Inc., 1937 ; A. B. Hollingshead, *Elmtown's Youth*, New York, J. Wiley and Sons, 1949 ; L. Reissmann, « Levels of Aspiration and Social Class », dans *American Sociological Review*, vol. 18, juin 1953, p. 233-242 ; W. H. Sewell et V. Shah, « Parent's Education and Children's Educational Aspiration and Achievements », dans *American Sociological Review*, vol. 30, avril 1965, p. 191-209 ; B. N. Sugarman, « Social Class and Values as Related to Achievement and Conduct in School », dans *Sociological Review*, vol. 14, novembre 1966, p. 287-302.
12. Jean-Claude Combessie, « Education et valeurs de classe dans la sociologie américaine », dans *Revue française de sociologie*, vol. 10, janvier-mars 1969, p. 35.

se situerait de nouveau dans une ligne de continuité avec le sur-moi nationaliste religieux d'autrefois.

L'hypothèse que je soumets ici est la suivante. À l'époque des collèges classiques, en effet, ce ne sont pas tellement les classes sociales comme telles qui auraient joué un rôle dans les aspirations scolaires des jeunes et dans leur « recrutement » aux études [13], c'est d'abord et avant tout le facteur « vocation [14] » se rattachant directement au sur-moi religieux et, par lui, au sur-moi nationaliste. Ce facteur transcendait, en réalité, les intérêts divergents et les oppositions des classes sociales ; il se situait au niveau, non pas d'une lutte entre des classes au sein d'une même nation, mais d'une « mission » à accomplir, d'un *leadership* « spirituel » à mener au service de toute une nation, face à des ennemis communs. La première incarnation d'une telle mission de l'esprit était évidemment la vocation ecclésiastique. Les autres, d'un ordre secondaire mais quand même relié au premier et dans le même sens que lui, se réalisaient dans les vocations professionnelles de type « libéral ». Même si les clercs et les « professionnels » du temps constituaient des corps sociaux bien structurés et vigoureux, ce n'était pas tellement en tant que classes sociales représentant des valeurs opposées à celles du peuple qu'ils entraînaient les jeunes aux études ; c'était beaucoup plus en tant que groupes représentant les valeurs universelles de toute la nation aux prises avec sa survivance.

Cette hypothèse permettrait de comprendre comment les collèges classiques ont été, dans leur « recrutement », beaucoup moins sensibles aux classes sociales qu'on ne le dit. La répartition socio-économique

---

13. L'expression de « recrutement », si populaire alors dans les collèges classiques, implique du reste qu'on aille chercher les candidats partout où ils se trouvent, sans tenir compte des barrières des classes sociales, et qu'on les conduise aux études du moment qu'ils remplissent les conditions exigées par le sur-moi nationaliste religieux. Il serait intéressant de creuser l'analogie secrète qui existe, sur un mode mineur, il est vrai, entre le « recrutement » étudiant, selon le modèle religieux de l'époque, et le « recrutement » militaire. Les deux systèmes qui les promeuvent se trouvent être hiérarchiques et autoritaires.

14. D'après une enquête que j'ai menée auprès des collèges classiques, au début des années 1960, le facteur « vocation » était encore prédominant dans la mentalité des autorités de ces institutions scolaires. La « vocation », d'ailleurs, désignait d'abord et avant tout la vocation ecclésiastique. Une hypothèse secondaire à vérifier, qui confirmerait l'hypothèse principale, serait que les succès scolaires des étudiants de l'époque étaient beaucoup plus reliés aux aspirations et aux valeurs sacerdotales et « professionnelles » qu'ils ne l'étaient aux aspirations et aux valeurs des classes sociales.

des étudiants reflétait assez bien, en tout cas beaucoup mieux qu'on ne le laisse croire, celle de l'ensemble de la population. Il y a peut-être une exception : celle des jeunes de milieux ouvriers urbains, qui auraient été sous-représentés. Mais l'explication, à mon sens, n'a pas à être recherchée du côté d'un parti pris, inconscient ou non, contre la classe ouvrière. À ce compte-là, on ne pourrait absolument pas expliquer la sur-représentation des fils de paysans, issus d'une classe aussi pauvre et aussi exploitée que la classe ouvrière. Le phénomène de la sur-représentation paysanne tient plutôt au fait que le sur-moi nationaliste et religieux plongeait ses racines les plus profondes dans ce milieu socio-économique et avait développé, en accord avec sa valorisation des images maternelles, toute une rationalisation de l'« agriculturisme » ou du retour à la terre.

D'ailleurs, il est possible de trouver une autre confirmation de l'hypothèse précitée dans l'immense déblocage scolaire qui s'est opéré au Québec surtout au cours des années comprises entre 1960 et 1965. Durant ce laps de temps, des changements considérables des structures scolaires ont été effectués. Ils se sont révélés, au premier chef, dans les travaux de la Commission Parent. Ceux-ci ont mené à l'établissement d'un ministère de l'Éducation, à l'instauration d'un fort réseau d'écoles publiques, surtout aux niveaux secondaire et collégial, à une prolongation des années d'école obligatoires, à un accroissement vertigineux du taux de scolarité dans les écoles secondaires et dans les collèges.

On peut certes rendre compte de cette évolution notable du système scolaire québécois par les transformations rapides et importantes des conditions sociales et économiques du Québec. Il n'est pas question de les nier. Mais on peut se demander si elles auraient entraîné si tôt des changements de cet ordre, sans le sur-moi si dynamiquement nationaliste de cette ère de la « révolution tranquille ». L'existence simultanée d'une période de réformes scolaires sérieuses et d'une période de nationalisme agressif (appelé par Rioux nationalisme de rattrapage) ne fut pas simple coïncidence. Le sur-moi nationaliste et religieux s'était modifié sensiblement ; il avait déjà fait place à un sur-moi beaucoup plus sécularisé, mais de caractère non moins nationaliste, auquel allaient correspondre les nouveaux traits laïques du système scolaire. C'est d'ailleurs cette espèce de sur-moi fortement nationaliste, mais déjà pratiquement vidé de son contenu religieux, qui allait servir de transition au sur-moi indépendantiste des jeunes, lui préparer la voie et favoriser son éclosion [15].

À l'heure actuelle, les aspirations scolaires des jeunes Québécois restent encore, comme par le passé, étroitement régies par leur sur-moi, maintenant de caractère indépendantiste. Mais il est devenu plus difficile de saisir les liens de cette dépendance. Les valeurs de la classe moyenne, en général, suscitent et nourrissent les aspirations scolaires dans la mesure où elles intériorisent, chez ceux qui les détiennent, la possibilité d'être des agents de leur propre avancement social et de la transformation du milieu par l'effort, la pensée réfléchie, la planification, la conduite rationnelle, l'organisation consciente et autonome de leur vie. En d'autres termes, les valeurs de la classe moyenne maximisent l'importance du futur bien préparé. Autrefois, à l'époque du sur-moi nationaliste et religieux, ces valeurs jouaient beaucoup moins par elles-mêmes ; elles étaient comme subsumées, et aussi jusqu'à un certain point contre-carrées [16], par les valeurs plus immobiles et traditionnelles d'un sur-moi entièrement tourné vers le passé et sa survivance. Avec l'avènement du sur-moi indépendantiste, à cause du contexte d'une société québécoise plus industrialisée, plus ouverte et plus mobile, les valeurs de la classe moyenne, comme celles des autres classes, ont davantage tendance à exercer leur propre dynamisme et leur influence. Mais elles le font quand même à l'intérieur du sur-moi indépendantiste, du moins pour les jeunes.

Or, une des valeurs fondamentales de ce sur-moi réside précisément dans la conviction intérieure que partagent ses tenants, de pouvoir et de devoir changer la société québécoise, d'en construire une nouvelle et de s'y préparer en conséquence. D'où l'on voit qu'à la base, les valeurs de la classe moyenne et celles du sur-moi indépendantiste se rejoignent au point même de s'identifier pratiquement, du moins en ce

---

15. Il est bien significatif de constater la correspondance du ralentissement de la réforme scolaire dans les dernières années du régime Lesage avec l'affaiblissement relatif de la vigueur de son nationalisme. L'hypothèse de la liaison entre le sur-moi nationaliste ou indépendantiste et le moi scolaire se trouve confirmée une fois de plus.

16. Le sur-moi nationaliste religieux était vraiment ambivalent vis-à-vis de l'éducation scolaire. D'un côté, il favorisait grandement l'instruction assurée par ses représentants ecclésiastiques ; de l'autre, il empêchait l'essor d'une instruction qui aurait échappé à la direction des clercs. La méfiance de ces derniers vis-à-vis de l'Etat et de tout système scolaire public était là pour l'attester. C'est ce qui explique, à l'époque, l'hypertrophie du régime privé d'enseignement et l'anémie du régime public.

qui regarde leur image du changement social à opérer et du futur à maîtriser [17]. La classe moyenne et le sur-moi indépendantiste attribuent à cette image une grande importance, à la différence près que le sur-moi indépendantiste, à cause de son caractère révolutionnaire plus totalisant, lui confère un dynamisme encore plus vigoureux.

Évidemment, il devient, alors, plus complexe et plus malaisé de démêler l'influence respective des valeurs de la classe moyenne et de celles du sur-moi indépendantiste relativement à la question des aspirations scolaires des jeunes. Les deux influences se conjuguent et se confondent souvent pour propulser les jeunes vers des aspirations scolaires plus fortes, exigeant une préparation plus longue, plus ardue et plus diversifiée.

Malgré cette coalition des forces provenant de la classe moyenne et du sur-moi indépendantiste, coalition qui en rend l'analyse bien ténue, je persiste à croire que ce dernier est plus décisif que la première, en ce qui concerne les aspirations scolaires des jeunes. Nous en aurons un indice très révélateur dans la question des *drop-outs* traitée plus loin. Déjà on peut entrevoir le bien-fondé de mon hypothèse, si l'on examine le problème des aspirations scolaires des jeunes appartenant aux milieux défavorisés des villes ou des campagnes. Ceux-ci font partie de classes ou de groupes socio-économiques, comme le révèlent plusieurs enquêtes, moins favorables à l'éclosion de hautes aspirations scolaires. Ce handicap est à l'heure actuelle, en partie sinon totalement, comblé par la force culturelle du sur-moi indépendantiste qui les attire plutôt vers les sommets de la scolarisation. Ce phénomène de contrepoids expliquerait la proportion relativement imposante, dans les collèges et dans les universités, de jeunes issus de milieux socio-économiques faibles ou défavorisés [18]. Peut-être même — ce serait sujet à vérification — qu'à parité de conditions socio-économiques désavantageuses, il y aurait proportionnellement plus de jeunes Québécois aux études collégiales ou

---

17. La convergence de la classe moyenne et du sur-moi indépendantiste autour des valeurs relatives au changement social à opérer et au destin à préparer et à dominer, peut rendre compte de la forte proportion des membres de cette classe moyenne qui ont adhéré rapidement aux mouvements indépendantistes.

18. Une enquête du ministère de l'Éducation du Québec sur les budgets des étudiants de collèges et d'universités établit qu'en 1966, 52% des collégiens et 35% des universitaires étaient fils de cultivateurs et d'ouvriers (c'était avant la gratuité scolaire). Ces deux proportions ont dû augmenter depuis. Cf. *le Devoir*, 26 juin 1970, p. 5.

universitaires que de jeunes Français, ou Britanniques, ou Américains, ou Canadiens anglais. S'il en était ainsi, il deviendrait encore bien plus certain que le sur-moi indépendantiste, en plus de décupler l'influence des valeurs de la classe moyenne relativement aux aspirations scolaires de ses jeunes, vient en fait jouer un rôle de substitution et de compensation analogue à celui de cette classe moyenne dans les cas où les jeunes ne peuvent subir son influence.

CHAMPS DU SAVOIR ET SUR-MOI INDÉPENDANTISTE

Il est un autre champ de la révolution scolaire des jeunes où leur sur-moi indépendantiste fait sentir sa force d'attraction et d'emprise sur eux. Il concerne cette fois, non plus les aspirations aux études en général, mais celles qui touchent des domaines plus spécialisés de connaissance. On n'a pas suffisamment souligné jusqu'ici le fait, vraiment capital, du déplacement considérable qui s'est produit, depuis une douzaine d'années, dans le choix des disciplines particulières et, par implication, dans les aspirations à des carrières précises. Monsieur G. C. Andrew, directeur de l'Association des universités et collèges du Canada, signale la vogue soudaine des sciences auprès des étudiants à la suite du lancement par les Russes, en 1957, du premier vaisseau spatial. Le même phénomène s'était d'ailleurs produit aux États-Unis. Mais le mouvement fut passager. Il se tourna bientôt du côté des disciplines humanistes[19]. Plus particulièrement, à l'heure actuelle, la popularité est très grande du côté des sciences sociales, notamment de la sociologie, de l'anthropologie, de la psychologie sociale.

Ce qui est vrai pour l'ensemble des universités et des collèges du Canada s'applique tout spécialement au Québec, où l'intérêt pour les sciences sociales et humaines en général semble encore plus prononcé que partout ailleurs au pays [20]. Il s'agit là d'un déplacement culturel d'importance, d'une transformation sérieuse de la réalité scolaire qui n'est pas sans lien avec l'évolution récente du sur-moi québécois.

---

19. La constatation de M. Andrew est rapportée dans un résumé d'une série d'articles de Keith Kinhaid, du bureau de la Presse canadienne de Toronto. Ce résumé a paru dans *la Presse,* 3 décembre 1969, p. 133.
20. La proportion d'étudiants en sciences humaines par rapport à ceux de sciences, de génie, de commerce est plus forte dans les universités francophones du Québec que dans les universités anglophones et que dans celles des autres provinces.

Tout se passe comme si les sciences sociales au Québec constituaient le débouché tout à fait naturel d'un sur-moi indépendantiste, au même titre que les sciences « ecclésiastiques » et, subsidiairement, les professions libérales s'avéraient autrefois les marchés normaux d'un sur-moi religieux et nationaliste [21]. Les sciences sociales sont devenues le nouveau « sacerdoce » de la société québécoise [22].

À l'heure du sur-moi religieux, les croyances et les normes d'action du Québec se coordonnaient et s'unifiaient dans la foi catholique. L'organisation sociale, éducative et politique de notre société s'inspirait fortement des valeurs religieuses et reposait en définitive sur elles. Il était bien normal que la fonction ecclésiastique ou l'état religieux exerçât alors des attraits puissants sur un grand nombre de jeunes. En fait, ils y aspiraient et ils l'embrassaient dans une proportion imposante, parce qu'ils y voyaient une cause générale à laquelle se consacrer, un objectif social valable et prestigieux à poursuivre.

Avec le démantèlement des structures mentales du sur-moi religieux et l'éclatement de son unité, avec la formation graduelle d'un sur-moi indépendantiste de caractère nettement profane, c'est toute une nouvelle organisation sociale qui se trouve ainsi postulée, toute une société neuve qu'il faut édifier désormais sur des fondements humains et terrestres. L'idéal social à rechercher, la cause d'intérêt commun à épouser, c'est maintenant de donner à la société québécoise un autre principe d'unité tout aussi global que l'ancien (c'est la souveraineté politique qui l'assurera), en même temps que de lui fournir de nouveaux matériaux de construction propres à cette tâche inédite. Or, les sciences sociales portent directement sur ces questions et se définissent précisément comme des disciplines aptes à fournir les éléments de réponse attendus. Voilà pourquoi, auprès des jeunes, elles se substituent spontanément au sacerdoce clérical et exercent vis-à-vis d'eux le même pouvoir d'attraction et de polarisation dont celui-ci jouissait. En définitive, c'est comme s'il existait une complicité secrète entre le sur-moi indépendantiste et les sciences sociales, particulièrement la sociologie. Le

21. Louis-Edmond Hamelin a bien montré que la courbe des vocations sacerdotales et religieuses a monté en flèche précisément à cette époque du sur-moi religieux nationaliste. Cf. l'article « Evolution numérique séculaire du clergé catholique dans le Québec », dans *Recherches sociographiques,* vol. II, avril-juin 1961, p. 189-241.
22. L'intention d'Auguste Comte de faire de la sociologie le véritable « sacerdoce » de la société se trouve ainsi réalisée chez nous !

premier éveille chez les jeunes des désirs et des aspirations vers les sciences sociales ; celles-ci, à leur tour, par l'exercice du moi, alimentent l'univers du sur-moi, en ouvrant davantage l'esprit des étudiants à la critique de la société actuelle, à l'analyse implacable de ses failles et à l'examen lucide de son évolution.

Ce phénomène de notre société n'est, du reste, que l'image ou la version typiquement québécoise d'un phénomène qui s'étend maintenant à l'échelle mondiale. Bien des études l'ont constaté : les éléments les plus critiques, les plus contestataires de la société de consommation se recrutent surtout parmi ceux qui s'adonnent aux études plus générales, à la réflexion sur des systèmes de pensée et, plus particulièrement, à l'analyse des idéologies et des faits sociaux. À peu près partout dans le monde, lors de chaque insurrection de taille, ce sont principalement les étudiants en sciences humaines et sociales qui ont fait office d'animateurs et de leaders révolutionnaires. Le Québec n'y fait pas exception. Les enquêtes précitées des sociologues de l'Université Laval et du Centre de recherche sur l'opinion publique (CROP) ont démontré que les étudiants contestataires ou activistes des Universités Laval et de Montréal se retrouvaient surtout en sciences sociales, en philosophie, en lettres et en droit [23].

CARACTÈRES DU SAVOIR ET SUR-MOI INDÉPENDANTISTE

Non seulement les aspirations scolaires des jeunes Québécois changent à un rythme rapide, mais encore le savoir lui-même se trouve atteint dans sa teneur propre, à travers ce processus de mutuelle causalité qui se déroule entre leur moi et leur sur-moi. Le savoir plus purement théorique, contemplatif et intellectuel qui a longtemps marqué l'enseignement des collèges et des universités du Québec (en fait, il n'est pas encore disparu, loin de là !), veut se transmuer chez les jeunes en un savoir plus pratique, plus critique et plus affectif. On assiste actuellement à un effort de réintégration, au sein de la pensée, des valeurs de l'action, non seulement fonctionnelle mais surtout révolutionnaire, et du sentiment. Ces valeurs avaient été vidées de la

---

23. Voir le compte rendu de la recherche des sociologues de l'Université Laval dans le journal *le Devoir* du 2 décembre 1969 en page 6, ainsi que le compte rendu des deux sondages du CROP dans le journal *le Devoir* du 7 janvier 1970 en page 11.

pensée scientifique par le cartésianisme cérébral, le positivisme post-comtien [24] et le rationalisme mathématique de l'esprit « techniciste ». Les jeunes du Québec aspirent à les y ramener.

On remet en cause, notamment, la dissociation qui existe encore largement entre les secteurs où s'élabore le savoir et ceux où s'effectue la production [25]. On prend conscience que le savoir et la société bougent et doivent bouger simultanément, en liaison intime l'un avec l'autre. La contestation de l'ordre établi, du statu quo, postule la mutation de la raison et y renvoie inéluctablement. Autant dire que le savoir ne se veut plus uniquement « libéral », contemplatif, fait pour le citoyen libre de l'agora grecque ou pour l'honnête homme de la France du XVIIᵉ siècle. Il cherche à se tourner davantage vers l'action, vers la réalisation d'une tâche dont il constituerait comme le moteur et le guide.

Déjà les connaissances techniques ont ainsi été intégrées aux rouages de la grande machine industrielle et post-industrielle. Mais ce n'est pas assez et ce n'est pas ce qu'il y a de plus important. Les jeunes du Québec — en ceci, ils rejoignent une infinité d'autres jeunes dans le monde — désirent aussi inviscérer le savoir humain et social aux tripes du Moloch de la société technologique. Les jeunes recherchent une pensée non stérile mais productive, en termes de rapports humains et sociaux plus vrais et plus riches en esprit, surtout dans les domaines de l'économie, de l'administration et de la politique.

La même dialectique du sur-moi indépendantiste qui pousse les jeunes à s'armer intellectuellement en vue de la révolution sociale et politique à accomplir les entraîne aussi dans le sens de l'acquisition d'un savoir humain et social plus dynamique, d'un savoir capable de rentrer dans le cœur de la société québécoise pour y battre avec lui. C'est peut-être l'explication profonde de cette tendance encore bien forte chez eux, malgré la disparition du cours classique et l'élimination pratiquement complète de la présence cléricale dans l'enseignement, de s'orienter en plus grand nombre vers des carrières et des disciplines

---

24. C'est à tort que l'on accuse le positivisme de Comte d'avoir été purement logique et contemplatif et d'avoir été dénué de tout sentiment. Au contraire, la pensée de Comte était essentiellement ordonnée à la transformation de la société. Elle était aussi très critique et faisait une large part au sentiment. Ce sont les successeurs de Comte qui ont fait du positivisme un bloc de glace intellectuel !

25. M. de Certeau, « Savoir et société. Une « inquiétude » nouvelle, de Marcuse à mai 1968 » dans *Esprit,* n° 374, octobre 1968, p. 292-312.

plus humaines que techniques. La proportion encore relativement faible des jeunes qui s'inscrivent au programme d'enseignement professionnel des CEGEP, en comparaison avec celle des étudiants au programme d'enseignement général, est là pour l'attester [26]. Encore ici, le sur-moi indépendantiste se substituerait au sur-moi nationaliste et religieux pour y exercer, au service d'une cause foncièrement différente, une fonction quand même substantiellement analogue : celle du triomphe de l'esprit sur la matière. Sous cet aspect, la situation du Québec, au fond, n'aurait pas tellement changé !

En tout cas, cela montre bien qu'accuser les clercs et les collèges classiques de n'avoir pas favorisé, par leur enseignement, l'essor économique et technique du Québec peut bien être vrai, mais une telle accusation ne rejoint pas la signification la plus profonde du phénomène. Dans un contexte tout à fait différent, à l'heure des écoles publiques et de l'enseignement par les laïcs, Gérard Filion reprend, à tort ou à raison, exactement la même accusation vis-à-vis de notre système scolaire : celle de ne pas préparer suffisamment de techniciens, de commerçants, d'industriels et d'administrateurs. Autrefois, disait-on, l'enseignement formait trop de prêtres ; aujourd'hui, on n'a qu'à substituer à ce terme celui de sociologues. Au Québec, décidément, plus ça change, plus c'est la même chose !

Il me semble donc exister un lien étroit entre le sur-moi indépendantiste des jeunes et leurs aspirations à un savoir pratique, engagé dans une œuvre à réaliser. Cependant, les exigences des étudiants vont souvent plus loin. Il ne s'agit pas, en effet, d'assurer uniquement la transmission et l'assimilation d'un savoir pratique ; il faut encore qu'un tel savoir pratique se fasse et devienne en même temps critique. En d'autres termes, le savoir doit viser à transformer radicalement la société dans laquelle il s'inscrit présentement ; pour ce faire, il lui faut exercer une activité critique vigoureuse à l'endroit de toutes ses faiblesses, ses incohérences, ses contradictions. C'est à ce titre que le savoir pratique pourra, aux yeux des étudiants, acquérir une véritable noblesse.

De lui-même, en réalité, le savoir pratique n'est pas forcément critique. Au contraire il peut tout aussi bien être happé par l'énorme système de la société de consommation et se transformer, sous la force compressive de ce dernier, en un pur outil de publicité, voire de

26. Il y a environ 2 ans, elle était de l'ordre de 30 %.

propagande fallacieuse, au service d'une conception de la société principalement axée sur la productivité matérielle et technique et sur la consommation forcenée de biens économiques. Le savoir est alors pratique, mais d'une praticité toute fonctionnelle, dénuée de sens critique et d'esprit révolutionnaire. Ou bien un tel savoir est candidement servile, pris dans l'esclavage de la grande roue industrielle qui tourne sans cesse ; ou bien il devient cyniquement manipulateur, se consacrant de façon consciente à faire triompher la civilisation technologique jusque dans ses abus et dans ses misères.

On s'explique, dans ce contexte, l'écœurement spontané que déclenche, chez les jeunes du Québec ou d'ailleurs, l'asservissement ou le cynisme des universités ou des chercheurs d'université qui se livrent à la science soit, par exemple, pour alimenter le courant meurtrier des guerres impérialistes, soit, plus subtilement, afin de garantir le maintien des systèmes socio-économiques pour lesquels ils travaillent. Le savoir n'est pas critique dans ces cas ; il est simplement fonctionnel et tend à faire se perpétuer le statu quo.

Telle n'est pas la dynamique interne du sur-moi indépendantiste des jeunes Québécois. Elle ne vise pas à maintenir en place les fondements de notre société. Elle cherche au contraire à les remplacer par d'autres ; elle est proprement révolutionnaire. Pour autant, elle ne peut pas s'accommoder bien facilement d'un savoir pratique purement fonctionnel, tout dédié à la cause de l'instrumentalité de l'ordre et du pouvoir établi, sans jamais remettre en question les postulats et les objectifs fondamentaux de la société qui l'embauche et le subventionne. La logique vivante du sur-moi indépendantiste mène au savoir pratique libre, c'est-à-dire critique et révolutionnaire. C'est du moins ce que perçoivent les étudiants québécois.

À partir de là, on pourrait vraisemblablement comprendre pourquoi la sociologie québécoise, chez bien des professeurs et des étudiants, tend à devenir de plus en plus critique. Ils ne sont plus intéressés à ce qu'elle en reste au simple niveau de l'empirisme, surtout celui de type hautement formalisé et mathématisé [27]. La sociologie, disent-ils,

27. Déjà des sociologues américains de formation et d'approche aussi différentes que C. Wright Mills et Pitirim Sorokin avaient, il y a plusieurs années, formulé ce reproche contre la sociologie « empiriciste ». D'où l'on voit qu'il est souvent utopique d'imaginer que l'on a inventé le monde ! Cf. C. Wright Mills, *l'Imagination sociologique*, Paris, Maspero, 1968 ; Pitirim Sorokin, *Fads and Foibles in Modern Sociology and Related Sciences*, Chicago, Regnery, 1956.

doit s'engager, au nom même de la science, dans les schémas et dans les analyses de la praxis révolutionnaire. Quand on songe à l'affinité intime qui relie la sociologie québécoise au sur-moi indépendantiste, et quand on s'aperçoit que cette sociologie se veut nettement plus critique, on discerne là un indice bien éclairant de la tendance du sur-moi indépendantiste à valoriser un savoir de caractère critique.

Par ailleurs, c'est cette même tendance qui pourrait rendre compte de certaines formes d'anti-intellectualisme qu'il est facile de déceler dans le milieu des étudiants québécois. Au regard superficiel, ce phénomène peut sembler étrangement paradoxal. En réalité, il m'apparaît s'expliquer assez bien comme l'attitude toute normale et spontanée des étudiants en face de systèmes de savoir qui ne déboucheraient d'aucune façon dans l'action et la vie concrète ou, s'ils le faisaient, se mettraient aveuglément au service des puissances de l'ordre et de l'immobilisme. Mon hypothèse est que ce sont surtout ces types de savoir contemplatif et doctrinal que les étudiants rejettent. C'est vis-à-vis de ceux-là qu'ils professent ouvertement et même avec fierté un anti-intellectualisme parfois virulent. Certes le sur-moi indépendantiste et ses exigences de pensée pratique et critique sauraient difficilement rendre compte, à eux tout seuls, d'un trait culturel assez largement répandu et assez fortement ancré chez nous, dans notre histoire. Il n'en reste pas moins qu'ils peuvent sans doute y projeter une certaine lumière, au moins sur son visage actuel.

La révolution du savoir, chez les jeunes du Québec, pousse encore plus loin. Elle s'étend jusqu'à l'affectivité et jusqu'au sentiment qu'elle veut englober dans son orbite. Le savoir purement intellectuel ou cérébral est plus décrié qu'auparavant. On accepte beaucoup moins la sécheresse d'une pensée livrée à ses seules élucubrations, qui jongle uniquement avec des concepts froids et inertes, qui s'amuse à faire du trapèze intellectuel d'espèce logistique ou formaliste. Les étudiants aspirent à plus de chaleur, de sentiment, d'émotion, au sein même de la pensée.

Ici encore, le sur-moi indépendantiste n'y est pas étranger. Comme tout sur-moi, il est loin de se composer seulement de notions et de systèmes conceptuels. Par l'immense inconscient qui l'habite, il baigne directement dans le ça où fourmillent toutes sortes d'impulsions, de forces affectives et de tendances émotives. Le sur-moi est aussi l'usine où se fabriquent, grâce au moi et au ça, les justifications, les rationalisations, les sublimations, les compensations de tout acabit, y compris celles qui ont trait aux idéologies. Or, celles-ci, bien des auteurs l'ont montré, contiennent, comme des éléments essentiels, une gamme abondante d'émotions et de sentiments. Elles sont chargées d'une forte dose d'affectivité. La logique qui rassemble toutes les pièces composantes des idéologies est tout autant sinon plus la logique du cœur que celle de la raison « raisonnante ». On pourrait dire que le sur-moi est le lieu privilégié où s'exerce le style de pensée pascalien.

Certains sociologues, surtout aux États-Unis, se sont plu à souligner la disparition des idéologies dans les sociétés fortement industrialisées ou, du moins, à la prédire dans un avenir prochain. L'évolution courante des événements, précisément aux États-Unis, de même que dans plusieurs pays d'Europe, s'est chargée d'infirmer, au moins partiellement, de telles allégations. La jeunesse actuelle, dans le monde entier, se débat dans des luttes à haute teneur idéologique. En tout cas, les idéologies ne sont pas mortes au Québec, sûrement pas dans le sur-moi indépendantiste des étudiants.

C'est ce qui attise leur désir d'un savoir « chaud », qui s'engage dans la fournaise du combat et n'a pas peur d'exprimer les valeurs affectives qui l'embrasent. Les étudiants affichent un scepticisme de plus en plus marqué vis-à-vis de la prétendue objectivité totale derrière laquelle, affirment-ils, s'embusquent toujours des valeurs subjectives et des prises de position inconscientes ou inavouées. Pourquoi les scientifiques n'avoueraient-ils pas franchement les passions qui les portent dans leurs recherches, de même que les postulats sur lesquels elles reposent ? Il semblerait que l'intérêt accru manifesté ces derniers temps envers la socialanalyse ou la psychologie sociale psychanalytique ne ferait qu'intensifier ce besoin d'inclure le sentiment et l'affectivité dans la pensée scientifique. Chose certaine, le sur-moi indépendantiste avive la pensée des étudiants du Québec ; il la pousse à se vouloir aussi affective que critique et pratique.

Il va sans dire que ces trois nouveaux traits du savoir des étudiants ne se retrouvent pas nécessairement chez tous et à un degré égal d'intensité. Ils s'entremêlent et se recoupent de mille et une façons. C'est une question de nuances. Toutefois, pour guider la recherche empirique sur le sujet en précisant davantage ma pensée, je serais porté à croire que les trois traits ci-dessus mentionnés se répartissent de manière plus ou moins forte entre les étudiants, selon qu'ils appartiennent eux-mêmes à l'idéologie radicale, à l'idéologie libertaire ou à l'idéologie réformiste. Les radicaux seraient enclins à valoriser le trait affectif du savoir, pour autant qu'ils sont engagés plus passionnément et plus activement dans l'idéologie révolutionnaire. Les libertaires, eux, incarneraient davantage le trait critique du savoir, dans la mesure où leur position marginale dans la société les entraînerait surtout à en dévoiler et en critiquer les assises inacceptables. Les réformistes, enfin, insisteraient sur le trait pratique du savoir, parce qu'ils n'entendent pas jeter toute la société par terre, mais la transformer graduellement par une action patiente et plus froidement planifiée. Il y aurait comme un enchaînement cumulatif entre ces trois caractères, allant dans le sens du savoir affectif qui comprendrait à la fois le savoir pratique et le savoir critique, en passant par ce dernier qui n'inclurait que le savoir pratique, fondement premier et nécessaire de tout le processus.

CONTESTATION DU MAÎTRE

La révolution du monde scolaire québécois ne touche pas uniquement la texture même du savoir ; elle affecte aussi, et grandement, la pédagogie qui entend le communiquer et le diffuser. Le point crucial à relever ici concerne le cours magistral et l'autorité du maître qui le soutient. C'est un euphémisme de dire que leur cote est en baisse. On devrait plutôt parler d'un véritable effondrement de l'autorité magistrale. Rares sont actuellement les professeurs de collèges ou d'universités, plus rares encore les étudiants, qui osent ne serait-ce que prononcer un mot favorable à la forme d'enseignement magistral. Même aux niveaux élémentaire et secondaire, où la structure du système reste encore substantiellement assise sur le cours magistral, il n'est pas inouï d'enregistrer des plaintes, voire des revendications de la part des jeunes étudiants. Mon intention ici n'est pas de prendre position pour ou contre le cours magistral. Il s'agit plutôt de saisir le mieux possible la portée de cette contestation de l'autorité magistrale et surtout de la relier au schéma général d'analyse proposé dans ce volume.

Le refus de l'autorité magistrale équivaut au détrônement de l'image paternelle par la jeunesse. Comment se fait-il que ce phénomène soit devenu aussi général et aussi puissant auprès de la population étudiante du Québec ? Je ne veux pas dire par là que les étudiants, individuellement, condamnent sans appel toute forme d'enseignement magistral. Il se pourrait même qu'au décompte individuel, il y en eût davantage qui seraient favorables à ce mode d'enseignement plutôt que défavorables. Même dans l'hypothèse d'un tel résultat, le problème demeure entier. Car le rejet de l'autorité magistrale dans les collèges et les universités constitue à l'heure actuelle un véritable fait social, au sens durkheimien du terme, avec toute l'autonomie d'être et la force contraignante qui s'y rattachent. Les opinions individuelles allant à l'encontre de cette force ne pèsent pratiquement plus dans la balance sociale ; elles sont vite étouffées ou neutralisées.

Comment se fait-il donc qu'il existe un phénomène social tel que celui de la contestation de l'autorité magistrale ? Comment se raccorde-t-il à l'existence d'un sur-moi indépendantiste ? À première vue, il semble y avoir un paradoxe, peut-être même une contradiction, entre ces deux faits sociaux. D'une part, la démolition de l'autorité magistrale est généralement interprétée comme une négation du père. D'autre part, le sur-moi indépendantiste, ainsi que nous l'avons indiqué plus haut, semble se présenter comme une recherche du père, le vrai celui-là, celui qui permettra au Québec, par la souveraineté politique, de prendre en main sa destinée et de la forger soi-même. Le sur-moi indépendantiste, à cet égard, s'inscrit dans un mouvement de réaction contre les images maternelles envahissantes du sur-moi religieux et nationaliste. D'un côté, on rejette le père incarné dans l'autorité magistrale ; de l'autre, on le recherche dans la quête de l'indépendance politique. Comment se concilient les deux mouvements, si en fait ils se rejoignent ?

L'interprétation de cette apparente contradiction est la suivante. L'autorité magistrale et le cours qu'elle transmet héritent d'une société de type autoritaire et patriarcal ; tous deux appartiennent à une structure sociale jugée par les jeunes comme brimante et donc comme devant être renversée et dépassée. Le pouvoir magistral n'est que la personnification, au niveau de l'école, d'un pouvoir quasi absolu résidant ou bien dans le *paterfamilias* de la civilisation romaine ou bien dans le monarque de droit divin des anciens royaumes ou empires. Ce pouvoir hiérarchique et discrétionnaire engendre dans la psychologie inconsciente des sujets une image paternelle négative, où prédominent les normes autoritaires et restrictives. C'est contre une telle image que s'insurgent les étudiants d'aujourd'hui, en contestant l'autorité magistrale. À leurs yeux, l'institution scolaire traditionnelle représente encore, comme dit Mendel, un « véritable « écrasement du moi » à la fois par le surmenage et le système répressif et coercitif [28] » et entraîne par le fait même leur hostilité contre un tel personnage paternel.

Par ailleurs, c'est vers un idéal positif du père qu'aspire la jeunesse du Québec dans la poursuite de l'indépendance politique. Il peut s'y mêler encore bien des frustrations non vidées, des mouvements sporadiques de régression, de fixation ou de compensation. La substance même de l'image paternelle à laquelle on veut s'identifier n'en demeure pas moins neuve et positive ; elle s'insère dans le contexte d'une authentique révolution à effectuer, d'une société nouvelle et inédite à édifier. Voilà pourquoi, à mon avis, la recherche du père dans l'idéal indépendantiste peut coexister avec le refus du père dans l'autorité magistrale traditionnelle. Bien plus, loin de n'être qu'un courant parallèle à l'autre, l'identification au père dans le nouveau Québec provoque et nourrit le rejet du père évoqué par l'autorité magistrale.

Il y aurait lieu quand même de noter certaines différences dans cette négation de l'autorité magistrale. Ici, comme pour le savoir lui-même, les nuances s'établiraient en fonction des trois idéologies que l'on retrouve à l'intérieur du sur-moi indépendantiste. Ce dernier, il est vrai, est susceptible, par sa seule vertu, d'entraîner le rejet de l'autorité magistrale, figure traditionnelle du père ; il n'en reste pas moins qu'à cet égard, les influences des trois idéologies ne sont pas absolument identiques. Ici, c'est plutôt l'idéologie anarchique et libertaire, par son caractère plus exclusivement négatif et critique que celui des deux autres, qui pousserait davantage les étudiants à la révolte contre l'autorité magistrale. Tout en contestant le maître, elles aussi, l'idéologie radicale et l'idéologie réformiste auraient davantage tendance à l'accepter, moyennant certaines conditions. Les radicaux, intéressés à de fortes systématisations idéologiques, sur le plan intellectuel, et à un vigoureux

---

28. Gérard Mendel, *la Révolte contre le père*, p. 150. Il est bon de noter que, d'après Mendel, la révolte moderne contre le père s'attaque aussi à des images maternelles négatives contenues dans le personnage même du père. « Un point caractéristique [...] est que le personnage imagoïque remplaçant ici le sur-moi paternel n'est plus, *stricto sensu*, le Père seul, mais un ensemble composé du Père castrateur et de la Mère hostile. » Cf. *ibid.*, p. 161-162. Une telle interprétation cadre bien avec la nôtre, puisque la révolte des étudiants contre l'autorité magistrale entre en guerre contre un personnage paternel qui renvoie au sur-moi nationaliste religieux d'autrefois où foisonnaient, en réalité, les images maternelles, comme nous l'avons vu au chapitre précédent.

leadership « charismatique », sur le plan de l'action, ne rejetteraient pas forcément des maîtres qui seraient en mesure de satisfaire à ces exigences. Quant aux réformistes, animés par le désir d'être guidés par des planificateurs à la pensée souple, réaliste et dynamique, ils verraient d'un bon œil des maîtres qui dialogueraient avec eux, avec un esprit ouvert aux problèmes de l'heure et avec le désir d'y apporter graduellement des solution vraiment progressives.

CONTESTATION DE L'ADMINISTRATEUR

La contestation de l'autorité magistrale entraîne aussi sur son passage celle de l'administration scolaire. On peut même affirmer que celle-ci en subit davantage les assauts répétés. Les administrateurs, encore plus que les professeurs, deviennent la cible préférée du mouvement révolutionnaire au sein de l'école. C'est comme si l'autorité administrative, encore plus que l'autorité magistrale, incarnait, aux yeux des étudiants, cette image, objet de leur critique et de leur révolte, d'un père à la fois omnipotent, cachotier et tatillon.

Mais la révolte étudiante contre l'administration scolaire, depuis sept ou huit ans qu'elle fait rage, ne s'est pas toujours déroulée de la même façon. D'une attitude fortement critique, mais encore fondamentalement réformiste, adoptée dans les débuts vis-à-vis de l'institution scolaire et de son pouvoir administratif, elle est passée à une prise de position plus violente et plus radicale, non seulement contre l'administration scolaire, mais aussi contre toute forme hiérarchique et bureaucratique de pouvoir administratif. Son point culminant fut l'occupation de la majorité des CEGEP, à l'automne 1968, et d'un certain nombre de facultés. La phase présente se caractérise par la prédominance de l'idéologie anarchique et marginale, toute teintée de profond désabusement, de scepticisme froid et de méfiance extrême à l'endroit d'une collaboration étroite avec les instances administratives supérieures des institutions scolaires.

Rien n'est plus révélateur, à mon sens, des diverses formes qu'a prises le mouvement de refus de l'administration scolaire que l'évolution elle-même des associations ou des mouvements étudiants, depuis environ 1963. D'ailleurs, ce n'est pas un simple effet du hasard si le rejet de l'administration scolaire a commencé de prendre forme surtout à la suite du retrait des universitaires québécois de l'Union canadienne des étudiants (UCE) et avec la fondation, déjà d'inspiration nettement indépendantiste, de l'Union générale des étudiants du Québec (UGEQ). Cette séquence des événements constitue un indice supplémentaire de la part importante prise par le sur-moi indépendantiste dans la genèse et dans le déroulement de la révolution scolaire au Québec.

Les associations locales étudiantes des universités ou des collèges se sont intéressées d'abord à la mise sur pied de structures et de services aptes à dépanner les étudiants aux prises avec des besoins de tout ordre et à promouvoir leurs activités surtout parascolaires. À la faveur de la création de l'Union générale des étudiants du Québec (UGEQ) et de la Fédération des associations générales des étudiants des collèges classiques du Québec (FAGECCQ), un front commun s'est formé, ayant pour objectif de faire valoir le syndicalisme étudiant, à l'échelle des institutions scolaires et de toute la société. Les préoccupations étudiantes devinrent alors plus revendicatrices à la fois en ce qui touchait l'organisation interne administrative et pédagogique de leur milieu et les problèmes socio-politiques d'intérêt général. La bataille s'engageait contre l'autorité, qu'elle fût d'ordre administratif ou pédagogique. D'une attention spéciale accordée à l'organisation de services étudiants surtout dans le domaine parascolaire, on était donc passé à une critique serrée de l'administration et de l'enseignement des institutions scolaires. On exigeait une présence, une participation plus grande et plus active des étudiants, au cœur même des centres de décision, depuis la base jusqu'au sommet.

Mais l'action étudiante allait bientôt se radicaliser. L'influence des journaux de collèges et d'universités, de la Presse étudiante nationale (PEN), fut énorme dans ce processus de radicalisation. Poussés par leurs associations générales, influencés par les publications que nous avons mentionnées, les étudiants sortirent du cadre proprement scolaire pour gagner le terrain de combat de la société entière. Ils venaient de percevoir, ne fût-ce que confusément, les liens intimes qui unissent le genre d'instruction et d'administration auquel ils étaient soumis, au type bien particulier d'économie et de pouvoir politique qui les gouvernait. Ils avaient détecté le caractère oppressif du réseau des rapports socio-économiques de toutes sortes qui enserre, et parfois même étouffe, les institutions scolaires. L'affrontement devenait global, direct et inévitable, entre les étudiants et la société, sur le théâtre même de leurs activités quotidiennes. Il allait trouver son apogée, lors de l'occupation étudiante de l'automne 1968.

Pour plusieurs étudiants, surtout pour leurs leaders, cette dernière bataille fut vraiment traumatisante. Elle se solda, en gros, par un échec de la contestation radicale, devant la force de résistance du pouvoir administratif, à l'échelon scolaire ou politique. Il s'ensuivit, de la part de l'autorité, un mouvement de répression des forces étudiantes jugées extrémistes. Celles-ci se découragèrent, se démembrèrent, pour se tourner bientôt du côté de l'idéologie anarchique et libertaire. C'est elle qui m'apparaît donner le ton actuellement, dans les rapports entre étudiants et administrateurs. Avec la transformation graduelle des collèges classiques en CEGEP, la FAGECCQ avait perdu sa raison d'être et n'avait pu subsister. Tour à tour, l'UGEQ, l'Association générale des étudiants de l'Université de Montréal (AGEUM), celle des étudiants de l'Université Laval (AGEL), se firent hara-kiri, ainsi que certaines autres associations d'étudiants cégépiens. Ce fut graduellement la désintégration, la débandade du front commun étudiant, de telle sorte que, présentement, c'est à peu près l'anarchie qui règne dans les milieux universitaires et collégiens. Au nom de l'idéologie libertaire, on ne veut plus d'associations centrales pour diriger un mouvement de contestation qui doit désormais s'ébranler de la base et englober tout le monde au lieu de quelques pseudo-représentants. Pour la même raison, on est devenu très méfiant envers les associations locales générales. Ce qu'on prône surtout, c'est la création spontanée de groupuscules au leadership collectif, aux structures lâches et mobiles, aux objectifs sans cesse redéfinis. Ce sont ces petits groupes qui auront à animer le milieu et à coordonner son action, lorsqu'il y aura des batailles précises à livrer sporadiquement [29].

En attendant, le leadership étudiant s'est désolidarisé pour une large part du système scolaire et de ses rouages dans lesquels il refuse de s'insérer au-delà du strict minimum. Durant ces périodes de fausse paix extérieure entre les administrateurs et les étudiants, la tension reste vive et ceux-ci n'en continuent pas moins de contester le système avec véhémence. Mais ils le font d'une autre manière, c'est-à-dire plutôt en dehors des cadres scolaires proprement dits. C'est pourquoi ils refusent maintenant de jouer le jeu de la participation « intégrée », qu'ils

29. C'est exactement ce qui s'est passé, lors des événements autour du bill 63 et de l'« opération Lapassade » à l'Université du Québec à Montréal.

qualifient de subterfuge et de miroir aux alouettes, proposée par l'administration scolaire et politique. Ils soupçonnent cette dernière de vouloir par ce moyen leur jeter de la poudre aux yeux et les assimiler au pouvoir établi. Ce procédé est caractéristique de la société de consommation qui finit par digérer et assimiler même les éléments qui la contestent le plus. C'est ce qui explique, par exemple, qu'en septembre 1969, à l'Université du Québec à Montréal, plusieurs centaines d'étudiants aient refusé de répondre à l'invitation officielle de participer aux activités administratives de l'Université. La réaction de désaffection et de non-engagement des étudiants de l'Université de Montréal devant les recommandations du rapport Deschênes s'inscrivait aussi dans le même courant de contestation marginale.

Par ailleurs, dans le même temps qu'ils refusent de s'engager dans une œuvre de collaboration avec l'autorité administrative, les étudiants tendent de plus en plus à participer activement entre eux au travail de leur formation intellectuelle. En fait, les deux mouvements ne font pas que coexister ; ils s'engendrent mutuellement, en vertu du fossé de plus en plus large qui sépare l'idéologie du sur-moi des étudiants de celle du sur-moi des « adultes ». Ces deux mondes se rencontrent difficilement. Les étudiants se replient donc spontanément sur eux-mêmes et cherchent à former entre eux des groupes de travail, des séminaires de réflexion et de discussion intellectuelle où ils peuvent, à partir de postulats et de valeurs qui font l'unanimité, mener à bien, avec un minimum de tensions mentales et émotives, leur tâche d'acquisition et d'approfondissement d'un savoir à la fois pratique, critique et affectif. Voilà pourquoi la vogue est si grande, à l'heure actuelle, au sein des collèges et des universités, d'ateliers de travail de toutes sortes qui en arrivent à faire craquer les cadres de l'enseignement traditionnel et à le faire sortir des murs physiques de la classe habituelle [30].

30. La poussée des étudiants vers les petits groupes de travail *(peer groups)* fait ressortir trois choses : 1° l'extrême importance qu'ils attachent à l'expression verbale, même à l'expression corporelle, dans leur apprentissage du savoir critique et de la contestation. C'est une autre confirmation d'un trait relevé au chapitre précédent à propos de l'idéologie libertaire ; 2° le besoin qu'ils ressentent de revenir à des groupes naturels, « primaires » où ils puissent être près les uns des autres et comme environnés de chaleur humaine. C'est une autre manifestation du « retour à la mère » ; 3° l'intérêt qu'ils portent à une forme quelconque d'autoévaluation. En effet, à l'intérieur de ces petits groupes, ils peuvent s'y livrer plus aisément. C'est une autre indication de narcissisme, pas forcément pathologique, du reste.

L'idéologie libertaire et marginale des étudiants les pousse même à vouloir rejoindre les rangs du monde du travail et de la vie concrète de chaque jour, en dehors de l'université ou du collège, pour y puiser la substance de leur préparation intellectuelle et humaine. Sans cesser d'être inscrits officiellement comme étudiants des universités ou des collèges, ils recherchent un contact direct et prolongé avec la société extérieure, non pour s'insérer dans le système social, économique et politique qu'elle représente, mais pour en analyser les fissures, la contester par la pensée et le verbe et mieux s'armer mentalement contre elle. C'est dans ce sens qu'il faut comprendre le désir des étudiants de transformer radicalement leurs programmes d'études, de manière qu'ils puissent admettre, comme « crédits » scolaires, des stages de formation intellectuelle, en dehors des institutions formelles du savoir, au sein même de la société. À cet égard, il est fort significatif que les étudiants manifestent une préférence marquée pour les milieux pauvres et défavorisés. C'est là plus qu'ailleurs qu'ils aimeraient accomplir leurs stages de formation universitaire ou collégiale. Ils considèrent ces couches de population comme les laboratoires privilégiés de leur réflexion et de leur recherche. On dirait que la situation de victimes de la société, de « marginaux » dans laquelle ces gens-là vivent, les rend attrayants et désirables aux yeux des contestataires marginaux du monde étudiant. C'est comme si ceux-ci se retrouvaient dans ceux-là ! Il faudrait peut-être chercher là, dans ce phénomène des marginaux, la raison profonde du rapprochement qui tente de s'opérer tant bien que mal, présentement, entre les jeunes étudiants et les jeunes travailleurs défavorisés ou les jeunes chômeurs. Nous en avons vécu un exemple frappant, il y a quelques mois, à l'occasion des dernières élections provinciales au Québec. Cet événement, avec l'énorme somme de collaboration qu'elle a comportée entre étudiants et travailleurs, souligne bien le dynamisme puissant du sur-moi indépendantiste, au-delà des idéologies particulières qui l'animent.

LE PHÉNOMÈNE DES *DROP-OUTS*

Mais dans la révolution du monde scolaire, il y a plus qu'un refus de la participation à l'autorité administrative du système en place, plus qu'un besoin de sortir de l'enceinte matérielle et psychologique de l'institution scolaire et de retrouver la société pour y accomplir sa fonction d'étudiant. Il y a, depuis quelque temps, le phénomène nouveau, et d'importance considérable, de l'abandon total des études par un certain nombre de jeunes qui pourraient les poursuivre mais qui n'y sont plus intéressés et ne veulent plus les continuer. On désigne habituellement ces étudiants du nom de *drop-outs*. Il ne s'agit pas tellement ici des étudiants du niveau secondaire qui délaissent leurs études avant terme ou qui ne les poursuivent pas, une fois leur cours secondaire complété. Il est question plutôt des étudiants de collèges ou d'universités qui possèdent, en fait, toutes les raisons et les capacités objectives de terminer leurs études, mais qui les abandonnent quand même. Le nombre de ces *drop-outs* est encore relativement restreint ; il semblerait toutefois qu'il soit sérieusement à la hausse [31]. Mais indépendamment de l'aspect quantitatif de ce phénomène nouveau dans notre monde scolaire, sa portée qualitative demeure immense.

Presque par définition, les *drop-outs* comptent souvent parmi les meilleurs étudiants, les plus doués intellectuellement. Ils viendraient surtout des classes moyennes ou bourgeoises. Ils se recruteraient aussi chez les étudiants les plus « politisés », du type radical et activiste ou du type libertaire et marginal, mais, dans un cas comme dans l'autre, du type âprement contestataire. Enfin, ils seraient fortement imbus de l'idéal indépendantiste. De telle sorte qu'il y aurait liaison étroite chez eux entre haute capacité intellectuelle, provenance de classes moyennes ou bourgeoises, appartenance à l'idéologie indépendantiste et vive conscience politique et nationale s'exprimant dans le militantisme ou l'anarchisme. Comment, dans de telles conditions, expliquer le phénomène des *drop-outs* ? Pourquoi se désengagent-ils du système scolaire ?

L'hypothèse que j'avancerais en réponse à cette question irait dans la direction suivante. Il a déjà été mentionné que l'appartenance à la classe moyenne ou bourgeoise façonne chez le jeune la croyance en la possibilité de maîtriser son destin, de le réaliser par lui-même, en même temps qu'il crée et nourrit chez lui le désir de se préparer à cette tâche par des investissements rationnels à plus ou moins long terme, notamment par des études. Les *drop-outs,* ayant reçu cette formation de la classe moyenne ou bourgeoise, partagent au fond d'eux-mêmes une telle idéologie, qui les pousse à valoriser les études, le changement, l'avenir, le progrès. Par ailleurs, ils possèdent une vive

---

31. Du moins c'est ce dont est convaincu *le Quartier latin.*

conscience, sur les plans social, économique et politique, de la situation du Québec qui, selon eux, est celle d'une province minoritaire et colonisée. Ils considèrent que son destin collectif sera bloqué dans son évolution, tant que son indépendance politique ne sera pas assurée et qu'il ne pourra pas se doter de nouvelles conditions économiques et sociales qui le transformeraient radicalement et en feraient une société complètement rénovée. Ils professent une idéologie de contestation globale du Québec, de changement total de ses structures fondamentales.

Dans cette perspective, modifier uniquement le système partiel de l'école ne résoudrait pas le problème de fond. S'inscrire dans l'institution scolaire et y travailler, sans que le paysage général du Québec soit changé, serait s'engager dans un cul-de-sac et se condamner à ne jamais pouvoir vraiment percer dans la vie et forger sa destinée personnelle au sein de la société. L'idéologie de contestation globale pousse donc ses adeptes à attribuer une plus grande importance au domaine socio-politique qu'au domaine scolaire, à conférer à l'action politique et sociale sous toutes ses formes une urgence et une immédiateté bien supérieures à celles qui pourraient revenir à l'école comme telle. Voilà pourquoi ces jeunes-là quittent leurs études, deviennent des *drop-outs*. C'est justement pour mieux garantir leur futur, pour concrétiser de façon plus efficace la préparation de leur avenir qu'ils le font. Au nom même de leur croyance en la possibilité de changer et de gouverner leur destinée, donc d'une croyance d'origine fondamentalement bourgeoise, il leur semble plus urgent et plus décisif de se consacrer tout de suite et totalement à cette révolution globale du Québec.

Nous aboutissons donc à de curieux paradoxes. Le domaine socio-politique, qui représente une réalité plus générale et plus lointaine que celle du domaine scolaire, devient, dans le sur-moi des radicaux, une réalité plus immédiate et plus déterminante pour la destinée du Québec. En outre, la révolution du système scolaire se trouve ainsi recherchée à plus long terme que la révolution générale du Québec. Celle-ci devient comme un agent médiateur de celle-là. Ce qui reviendrait à dire que, même dans l'abandon de leurs études, les *drop-outs* ne les dévalorisent pas pour autant. Ce n'est que partie remise : ils y reviendront plus tard. Pour le moment, ils doivent se consacrer à des tâches plus urgentes et plus décisives. Enfin, si les *drop-outs* peuvent établir un lien étroit entre la nécessité de changer tout le système socio-politique et les bienfaits qui en résulteraient pour le système scolaire, c'est précisément grâce à cette formation de base, reçue dans leur enfance et provenant de la classe moyenne ou bourgeoise. C'est elle qui leur donne une forte orientation vers l'avenir et qui les convainct fondamentalement de la possibilité de changer le monde et de l'ordonner rationnellement. En définitive, leur idéologie radicale, malgré sa teneur souvent socialiste, reposerait encore sur une structure mentale typiquement bourgeoise !

Cette hypothèse trouverait une certaine confirmation dans le fait que plusieurs de ces *drop-outs,* même une fois sortis de l'institution scolaire, sont loin de délaisser tout projet de développement intellectuel ; ils se préoccupent encore sérieusement de cette vie de l'esprit qu'ils mènent maintenant sous d'autres formes. Des enquêtes systématiques montreraient probablement qu'un grand nombre de ces *drop-outs* se retrouvent dans les champs d'animation sociale, économique, culturelle ou politique, à l'intérieur des comités de citoyens ou d'ouvriers. Nous sommes ici en face d'une autre manifestation de ce rapprochement qui se réalise petit à petit entre les étudiants (ou ex-étudiants encore d'appartenance mentale et idéologique à ce monde) et les jeunes travailleurs.

C'est surtout grâce à l'idéologie révolutionnaire des étudiants et des *drop-outs,* elle-même alimentée par le sur-moi indépendantiste, que commence à prendre corps, dans notre société québécoise, l'« école parallèle » de type vraiment populaire, au sein des couches les plus défavorisées. Jusqu'ici, les universités, les CEGEP, les écoles secondaires ne les ont vraiment pas atteintes au cœur même de leur désir profond de libération mentale. Malgré leur tentative appréciable de rejoindre les adultes vivant en dehors des réseaux officiels de l'école, les services d'éducation permanente de ces institutions scolaires n'ont pas encore réussi à empoigner la masse des humbles de l'esprit ; ils restent encore trop confinés aux classes moyennes et bourgeoises de la société qu'ils touchent d'ailleurs non sur leur propre terrain de travail mais à l'intérieur des murs sacro-saints de l'école formelle. En ce sens, la révolution scolaire de la jeunesse québécoise appelle une révolution de la culture populaire encore à réaliser mais dont les lignes d'orientation commencent à se dessiner.

CHAPITRE IV

RÉVOLUTION SEXUELLE

La révolution socio-politique et la révolution scolaire ne sont pas les seules à s'opérer au sein de la jeunesse du Québec. Il en existe une troisième : la révolution sexuelle, tout aussi capitale et décisive que les deux autres. Ce ne sont pas seulement le sur-moi et le moi des jeunes qui se transforment présentement à un rythme accéléré ; c'est aussi leur ça avec toutes ses pulsions libidinales, sa vitalité sexuelle entendue, bien sûr, dans le sens de l'exercice de la génitalité mais aussi de la recherche du plaisir et de la jouissance, sous quelque forme que ce soit.

Cette modification profonde du ça de la jeunesse dépasse le niveau d'une simple évolution amenée progressivement. Elle constitue une véritable révolution, une coupure authentique avec les symboles, les mythes, les normes, les modes de comportement propres à la société québécoise d'il y a seulement quinze ans. Cette révolution sexuelle ne s'est toutefois pas accomplie en vase clos. Au contraire, elle s'est préparée et réalisée en communion très étroite avec la révolution scolaire et la révolution socio-politique. À bien des égards, elle s'est faite en dépendance d'elles, sous leur impulsion énergique. Par ailleurs, elle n'est pas sans les affecter à son tour, sans leur faire subir ses contrecoups et ses répercussions. Ici, comme dans les deux autres domaines, l'interdépendance vitale et dynamique du ça, du moi et du sur-moi s'applique avec rigueur.

La sexualité de l'époque du sur-moi religieux et nationaliste se caractérisait par une extrême normalisation morale et sociale. L'ensemble des normes éthiques et légales qui régissaient la sexualité d'alors était à la fois vaste, précis et rigide. Les notions de « péché » et de « crime » foisonnaient dans ce domaine ; c'était l'ère de l'impérialisme du « péché de la chair » ! La sexualité tombait sous le coup de commandements et de règles à l'autorité de fer. Les normes sexuelles trouvaient, en fait, leur validation et leur force dans l'Absolu religieux qui gouvernait une telle société.

Pour tout dire, la sexualité, comme toutes les autres valeurs, était devenue, elle aussi, catholique et nationaliste. Elle devait s'employer d'abord et avant tout à peupler le ciel et l'Église, à fournir des élus en grand nombre. Pour y parvenir, il lui fallait faire croître la nation canadienne-française, la venger de l'ennemi et la protéger contre lui par la multiplication des berceaux. Car le peuple canadien-français, terre de prédilection du catholicisme en Amérique du Nord, était le seul, par sa langue, ses mœurs et ses institutions, à pouvoir assurer l'épanouissement de la foi et devenir ainsi l'instrument de la Providence[1]. Dans cet univers du sur-moi nationaliste et religieux, la sexualité se trouvait, elle aussi, comme auréolée d'une « mission spirituelle ». Elle se mettait ainsi au service de la religion et du nationalisme. On peut dès lors soutenir que la sexualité de l'époque s'inspirait d'un véritable esprit de fonctionnalisme, de type mystique et nationaliste.

Au-delà des oppositions doctrinales entre les deux religions concernées, cette sorte de sexualité catholique et française rejoignait profondément la sexualité anglo-saxonne et protestante, surtout la calviniste et la puritaine, qui avait marqué sérieusement le caractère moral de l'« entrepreneurship » britannique et américain et activé grandement le développement du capitalisme industriel aux XVIIIe et XIXe siècles[2]. Aux profondeurs de leur philosophie de base, les deux sexualités se rencontraient. Car la sexualité protestante et anglo-saxonne était, elle aussi (et elle le demeure encore largement), foncièrement fonctionnaliste,

1. Le dernier volume canadien à paraître sur le grand Bourassa montre comment celui-ci, il y a seulement une cinquantaine d'années, associait encore intimement, dans son nationalisme, l'essor de la nation canadienne-française aux desseins magnifiques de la Providence. Cf. Joseph Levitt, *Henri Bourassa and the Golden Class, the Social Program of the Nationalism of Quebec (1900-1914)*, Ottawa, Université d'Ottawa, 1969.
2. Max Weber, *l'Ethique protestante et l'esprit du capitalisme*, Paris, Plon, 1964.

c'est-à-dire toute au service d'une cause extérieure plus vaste et plus noble. La différence, c'est que le fonctionnalisme de cette sexualité prenait un caractère essentiellement économique et social, au lieu de mystique et de nationaliste. Il se consacrait à la tâche plus terrestre, plus matérielle, d'exploitation des biens économiques en vue de l'établissement d'un empire industriel. Cette mentalité froidement fonctionnaliste est on ne peut mieux révélée par cette phrase de Benjamin Franklin : *Never use venery except for health and offspring.*

Paradoxalement, donc, la sexualité canadienne-française, conçue comme un instrument de défense et de protection contre l'Anglais protestant, ressemblait étrangement, en vertu de son fonctionnalisme, à la sexualité de l'ennemi. Une telle similarité de vues dans une sexualité fonctionnaliste peut nous aider à comprendre comment, dans la réalité concrète de notre histoire, le courant janséniste de la sexualité catholique s'est souvent conjugué au courant puritain de la sexualité protestante pour établir un front commun d'austérité et de rigueur contre une morale du plaisir sexuel et de la joie de vivre.

L'ÉCLATEMENT DE LA MORALITÉ SEXUELLE TRADITIONNELLE

Avec la venue du sur-moi indépendantiste, de type areligieux, les digues éclatent. L'idéal de mysticisme et de nationalisme conservateur, qui animait les forces vives de la sexualité québécoise à la fois pour les décupler dans un taux de natalité prodigieux et pour les canaliser dans les limites étroites d'un moralisme sévère, allait céder la place à un nouvel idéal, fait de révolution, tout projeté vers une société nouvelle à construire, vers une identité politique et sociale plénière à se donner. Le sur-moi indépendantiste, de facture nouvelle, tout orienté vers le futur, le progrès, l'édification d'une autre société, fait tomber *ipso facto,* dans une large mesure, les censures, les normes et les contraintes d'un sur-moi désormais devenu désuet et inutile. À l'instar de son sur-moi indépendantiste, la moralité sexuelle des jeunes Québécois, de légaliste et d'absolue qu'elle était, devient existentielle et relative. C'est désormais une sexualité libre, libérée, en pleine énergie disponible, en construction de soi-même et de ses normes, qui entre en opération sur la scène québécoise. L'idéal révolutionnaire de l'indépendantisme, lui-même en marche existentielle vers de nouvelles conditions au Québec, engendre et nourrit nécessairement une sexualité existentielle, une éthique sexuelle de la situation en devenir, où prédominent la rage de vivre et l'exubérance des énergies vitales. Dans les deux cas, pour le sur-moi indépendantiste comme pour le ça sexuel des jeunes, c'est le triomphe de la vie sur les cadres. Ceci explique bien comment la sexualité comporte en elle-même des liaisons intimes avec le domaine social et le domaine politique et ne peut pas se comprendre vraiment en dehors de ces relations [3].

Avec une éthique sexuelle propre au sur-moi indépendantiste, les jeunes Québécois peuvent difficilement admettre la notion de « péché » qui a taxé bien des attitudes et des comportements sexuels du passé. C'est peut-être là le changement le plus considérable qui s'est effectué chez les jeunes. Il se situe au-delà des activités sexuelles extérieures et des jugements conscients sur la sexualité. Il plonge dans les couches souterraines de l'inconscient, là où les pulsions vitales surgissent et bouillonnent. Les jeunes n'acceptent plus, dans la strate inconsciente ou préconsciente de leur moi, le caractère peccamineux attribué autrefois à plusieurs manifestations de la sexualité. Ils sont en train, au contraire, de se forger, dans le feu de la vie et de l'action révolutionnaire, de nouvelles normes morales relatives à la sexualité et à bien d'autres domaines de la réalité. Voilà pourquoi ils passent si facilement, aux yeux d'un grand nombre d'adultes, pour des êtres « immoraux », complètement dénués du sens des valeurs (c'est-à-dire les valeurs traditionnelles !) et prêts à déchirer le code d'éthique de la société actuelle.

Mais le sur-moi indépendantiste, même s'il se généralise chez les jeunes, n'est cependant pas partagé par l'ensemble de la population adulte québécoise. Concrètement, il n'est pas encore intégré aux structures essentielles, encore moins aux fibres vitales, de tout le Québec. Pour autant, il demeure un phénomène marginal à notre société, quoique son influence y soit grandissante. Dans la même mesure, le débordement sexuel qu'il déclenche chez les jeunes n'est pas encore maîtrisé ni canalisé ; il fait irruption à droite et à gauche, il se perd en courses folles, comme des eaux déchaînées qui sortent de leur lit. On peut dire

---

3. Helmut Schelsky, *Sociologie de la sexualité,* traduit de l'allemand par Mathilde Camhi, Paris, Gallimard, « Idées », 1966. Voir surtout le chapitre IV sur « la Morale sexuelle et la Société », p. 81-155.

vraiment, dans ces conjonctures, qu'on se trouve en face d'une situation d'« anomie », d'absence de règles claires et stables qui régiraient socialement et moralement la conduite sexuelle des jeunes.

Il est vrai qu'à l'intérieur de leur monde, segmenté lui-même en une multitude de petits groupes extrêmement mobiles, prend corps graduellement et de façon informelle un ensemble de valeurs et de normes sexuelles, plus ou moins précises, plus ou moins constantes et plus ou moins acceptées de chacun des individus. Mais cet univers moral grouillant et composite ne suffit pas à constituer un véritable code social de la sexualité. Ce qu'on peut y trouver de réellement commun aux jeunes, c'est une conception franchement créatrice et personnelle de la sexualité, par opposition à une conception légaliste et totalitaire, de même qu'un désir d'exprimer et de vivre cette sexualité dans un esprit communautaire, à l'intérieur même de leurs rangs, par opposition à une conception individualiste qui pousserait les personnes ou les couples à mener leur vie sexuelle chacun pour soi. Pour les jeunes, il s'agit vraiment d'une recherche de soi et du semblable à travers la sexualité [4].

Toutefois, étant donné que leur sur-moi n'est pas accepté par l'ensemble de la société et qu'ils ne possèdent pas d'eux-mêmes tellement de points de repère qui leur permettraient d'évaluer l'orientation de leur marche sexuelle, ces jeunes peuvent aisément verser dans une espèce de narcissisme outrancier où la norme de conduite et de moralité tient dans l'objectif de l'auto-érotisme pratiqué seul, à deux ou en petits groupes. De là à régresser à diverses formes de comportement sexuel de type anal, ou narcissique-oral ou sadique-oral [5], il n'y a qu'un pas qui est vite franchi, comme l'ont bien analysé les études de Gérard Mendel et d'André Stéphane. Par des manifestations sexuelles d'identification à la mère sur un mode tantôt hostile, tantôt complaisant, nous assistons de nouveau à un mouvement de révolte contre le père à la fois omniprésent dans le code de la moralité traditionnelle et non encore présent dans celui de la moralité nouvelle [6].

---

4. C'est surtout à partir de ce besoin de création sexuelle et de ce désir de se forger de nouvelles normes en cette matière qu'on peut comprendre le phénomène récent des « communes » de couples mariés ou non.
5. Gérard Mendel, *la Révolte contre le père, une introduction à la socio-psychanalyse*, Paris, Payot, 1968, p. 365-419 (spécialement la 4e partie).
6. André Stéphane, *l'Univers contestationnaire ou les nouveaux chrétiens, étude psychanalytique*, Paris, « Petite Bibliothèque Payot», n° 134, 1969, p. 85-145.

On comprend par là la corrélation souvent notée entre une recrudescence d'«immoralité» sexuelle et une phase révolutionnaire non complètement terminée. C'est exactement ce qui se produit au Québec. Nous sommes nettement au creux d'une période de transition où des valeurs sexuelles différentes sont épousées par les jeunes, sans qu'elles aient encore réussi à s'incarner dans des structures sociales, économiques et politiques qui leur seraient appropriées. Le hiatus entre le domaine sexuel et le domaine socio-politique reste à combler ; en attendant, la sexualité des jeunes erre à l'aventure, dans ce *no man's land*.

SEXUALITÉ « SOCIALISTE » ET SEXUALITÉ « CAPITALISTE »

D'ailleurs, lorsque la jonction, l'intégration se fait entre le domaine sexuel et le domaine social dans toutes ses dimensions, les résultats ne sont pas forcément les mêmes partout. Il est une donnée sociologique bien significative à ce sujet. On a constaté à maintes reprises le caractère plutôt rigoriste de la moralité socialiste [7]. C'est un fait évident dans la société cubaine de Castro par opposition à celle de Batista. Le même phénomène s'est reproduit en Chine rouge. Après les quelques années nécessaires à la stabilisation des forces révolutionnaires, la Russie s'est tournée du côté d'un conservatisme moral et politique, de type répressif en matière sexuelle [8]. En Europe de l'Est, les problèmes de délinquance et de criminalité, même dans les grands centres urbains, ne sont pas aussi graves qu'en Amérique du Nord [9].

Bref, il semble qu'une intégration de la vie sexuelle à une société socialiste déjà au terme de sa révolution et fortement structurée aboutisse à un style de vie et à une moralité sexuelle plutôt austères, inhibés, tant à cause de la discipline énergique que les individus s'imposent qu'à cause des règles rigoureuses que trace l'autorité politique et sociale. C'est comme si la machine administrative de l'État socialiste avait besoin de mobiliser toutes les énergies vitales des citoyens pour qu'elles se dévouent entièrement à la réalisation concrète, au jour le jour, de l'idéal hautement révolutionnaire. C'est là une illustration frappante de ce

---

7. Helmut Schelsky, *op. cit.*, p. 146-148.
8. Cf. Jean-Claude Darbois, compte rendu bibliographique, dans *Revue française de sociologie*, vol. 10, octobre-décembre 1969, p. 543.
9. Voir le numéro de *Chronique sociale de France* sur « Urbanisation et Criminalité », vol. 77, juillet 1969.

qu'affirmait Freud, à savoir que l'énergie que l'homme utilise à des fins culturelles, il la soustrait en grande partie aux femmes et à la sexualité. Du reste, il a toujours existé un lien étroit entre la domination politique et sociale de type autoritaire et la nécessité de maîtriser la sexualité des sujets sur lesquels elle veut s'exercer [10]. L'Église catholique en offre un exemple presque parfait par sa loi du célibat ecclésiastique, directement reliée à une conception fortement hiérarchique de l'autorité : « Si l'on autorisait les prêtres à contracter mariage, l'intérêt de leur famille, de leur femme et de leurs enfants, pourrait les soustraire à leur dépendance à l'égard de la papauté [11]. »

Par contre, et c'est là un objet de scandale fréquent pour ceux, encore nombreux, qui identifient, dans leur imagerie inconsciente, socialisme à immoralité sexuelle et capitalisme à moralité sexuelle, les sociétés capitalistes avancées font particulièrement preuve d'un laxisme moral en matière de sexualité ; en ce domaine, elles présentent des traits criminogènes beaucoup plus accusés que ceux que l'on dénote dans les pays socialistes [12]. Cette constatation se vérifie tout spécialement aux États-Unis. Pitirim Sorokin, grand sociologue de réputation internationale, dénonçait, par exemple, le caractère violemment hédoniste et sensuel de la société américaine [13]. Mais il s'agit là d'une sensualité, d'une sexualité à visage bien particulier, comme l'a bien démontré par la suite le philosophe Marcuse [14]. La société américaine professe le culte de la productivité ; l'idée qu'elle se fait du progrès implique que la production augmente sans cesse : *the biggest in the world*. Et puisque l'on produit toujours plus, il faut consommer toujours plus. Et en consommant beaucoup, il faut produire encore davantage. C'est le cercle infernal d'une société qui valorise l'argent et les biens matériels plus que l'homme et son mieux-être proprement humain. L'homme est embrigadé au service de la chose, de la valeur marchande ; il en devient souvent le prisonnier. Du côté de la production, c'est l'organisme bureaucratique, le complexe géant militaro-industriel, aux mille tentacules anonymes et inextricables, qui tient l'homme captif. Du côté de la consommation, c'est la publicité marchande éhontée et sans

10. Helmut Schelsky, *op. cit.*, p. 171-175.
11. Extrait du rapport sur le célibat des prêtres présenté par le cardinal Carpi devant le concile de Trente. Cité par Helmut Schelsky, *op. cit.*, p. 172.
12. Voir note 9.
13. Pitirim Sorokin, *The American Sex Revolution*, Boston, Porter Sargent, 1957.
14. Herbert Marcuse, *Eros et civilisation*, Paris, Ed. de Minuit, 1963.

égard pour le consommateur, créatrice insatiable d'une infinité de besoins artificiels, qui l'enchaîne au-dedans de lui-même. Pour se reposer et se libérer d'une civilisation du travail qui a perdu sa joie et sa finalité humaine, on se lance à corps perdu dans une civilisation des loisirs tout aussi aliénante parce qu'imposée subtilement à l'homme par la civilisation du travail, manipulée secrètement par elle et finalement détournée à ses fins productives. De quelque côté qu'il se dirige, l'homme américain est en définitive ligoté en son for intérieur et cerné au dehors par une société dont les progrès scientifiques et techniques jouiraient de tous les atouts pour rendre ses sujets vraiment heureux et libres mais qui s'en sert plutôt pour promouvoir à leur endroit, comme à celui de plusieurs pays du monde, un impérialisme moral, idéologique, économique et militaire. C'est le drame de l'homme unidimensionnel tel qu'il est décrit par Marcuse [15].

Dans ce contexte, la sexualité capitaliste, surtout la sexualité américaine, devient elle aussi une marchandise à consommer pendant les loisirs. Elle se concentre en dehors de la civilisation du travail, à laquelle, d'ailleurs, elle reste soumise. Les rapports socio-économiques se sont désexualisés, dépersonnalisés ; la vie courante des affaires s'est vidée de son érotisme. Il ne reste plus qu'à compenser par une exacerbation de la sexualité-loisir, de la sexualité-objet de consommation.

> Face aux extrêmes que l'on peut discerner dans les coutumes sexuelles d'une société de classes, qui admet, d'une part, l'amour enjolivé de sentimentalité et d'idéal, d'autre part, la vénalité de l'amour qui se prostitue, il existe actuellement un moyen terme : les relations sexuelles faciles à nouer, rehaussées de quelques sensations destinées à en exalter le plaisir, agrémentées d'une pincée de sentimentalité, relations dues souvent au hasard et qui semblent être le comportement sexuel de la moyenne des citoyens. Nous croyons pouvoir affirmer que cette conception de l'amour est en tous points comparable avec l'attitude du consommateur qui choisit, à son gré et sans engagement de sa part, parmi les moyens de distraction, d'éducation ou autres qui lui sont offerts pendant ses loisirs [16].

Cette sexualité marchande de la société américaine n'est pas, du reste, sans reposer sur certaines normes pseudo-morales qu'elle s'est fabriquées elle-même. L'une d'entre elles consiste dans une espèce de

---

15. Herbert Marcuse, *l'Homme unidimensionnel*, Paris, Ed. de Minuit, 1968.
16. Helmut Schelsky, *op. cit.*, p. 224.

philosophie mystique de l'orgasme [17], du plaisir sexuel biologique, dans lequel résiderait la plénitude de l'amour et du bonheur, et pour la réalisation duquel il faudrait mettre en branle toute une série d'institutions et de techniques relevant du *social* ou du *psychological* ou du *biological engineering*. La pléthore de *pocket books* et de magazines inondant le marché du lecteur et visant à lui faire connaître et pratiquer, de façon standardisée, les diverses techniques de l'amour, constitue un indice important de cette conventionalisation de la sexualité et de l'idéal de puissance physique qui s'y rattache. À un niveau scientifique plus élevé, mais toujours dans le même sens, on peut mentionner aussi les travaux de Kinsey et, plus récemment, les recherches appliquées du tandem Masters-Johnson.

C'est contre un tel type de sexualité servile, et contre l'ensemble d'une société consommatrice qui le nourrit constamment, que s'inscrit avec violence une grande fraction de la jeunesse américaine. Elle veut se désengager de l'étreinte du principe de réalité qui enserre toute l'organisation de la société. Elle veut que celle-ci repose désormais sur le principe de plaisir. Par là, elle entend restituer à la sexualité son pouvoir de création et de subjectivité, sa liberté fondamentale et sa spontanéité. Elle aimerait, en somme, que l'érotisme l'emportât sur la sexualité brute et finît par envahir tous les secteurs de la société pour les rendre plus aimables et plus humains.

Cette nouvelle philosophie de la vie s'incarne admirablement dans le roman français contemporain : *Emmanuelle* [18]. L'auteur y prône l'érotisme comme un triomphe de l'esprit sur la société répressive commandée par le primat de la matière et des sens. L'érotisme n'est pas une licence, mais une règle, une morale, toute vouée au culte de la beauté et de l'esthétique, et dans laquelle la raison l'emporte sur le mythe. « Il n'y a pas érotisme là où il y a plaisir sexuel d'impulsion, d'habitude, de devoir ; là où il y a pure et simple réponse à un instinct biologique, dessein physique plutôt que dessein esthétique, recherche du plaisir des sens plutôt que du plaisir de l'esprit, amour de soi-même ou amour d'autrui plutôt qu'amour de la beauté [19]. »

---

17. Abram Kardiner, *Sex and Morality,* New York, Bobbs-Merrill, 1954.
18. *Emmanuelle* est un best-seller paru illégalement pour la première fois en France, en 1965. Le nom de l'auteur est Emmanuelle Arsan. Voir Jacques Flamand, « Erotisme et société de consommation : le roman *Emmanuelle* », dans *l'Homme et la Société,* nº 11, janvier-mars 1969, p. 209-218.
19. *Emmanuelle,* p. 149. Cité par Jacques Flamand, *ibid.,* p. 211.

La jeunesse des États-Unis, comme celle de plusieurs autres pays, recherche cette forme de vie érotique, en s'opposant radicalement aux assises mêmes de la société technocratique d'opulence, en contestant le cœur même d'une société qui engendre la misère par la richesse concentrationnaire, la guerre par la paix impérialiste et la laideur par la beauté factice de la « fonctionnalité » matérielle.

Voilà pourquoi l'on trouve presque toujours, associées aux manifestations sociales ou politiques des mouvements étudiants contestataires, des expressions non équivoques de sexualité provocatrice, en rébellion ouverte contre les standards sexuels de la société adulte. Démolir les fondements culturels de cette dernière, c'est renverser par le fait même ses normes de sexualité. Une révolution globale, c'est aussi et peut-être même surtout une révolution sexuelle, entraînant avec elle l'affirmation de normes et de comportements complètement autres. Marcuse a bien raison de parler ici de révolte « éthico-sexuelle », de mettre l'accent sur le caractère essentiel de la dimension sexuelle au sein même de la contestation sociale et politique de la société, d'y voir la confluence spontanée et nécessaire de deux révoltes anarchiques et libertaires [20]. Il le sentait bien, cet étudiant parisien qui avait écrit sur les murs de l'université : « Plus je fais la révolution, plus j'ai envie de faire l'amour. »

Aux yeux d'une société qui s'en tient aux normes de la « sexualité-objet de consommation » dans un univers à prédominance technologique, encore plus aux yeux d'une société qui envisage la sexualité comme un pur instrument au service d'une cause religieuse, la contestation sexuelle de l'heure prend forcément l'allure d'un mouvement monstrueux, d'une anomalie sérieuse, d'une déviance sociale très grave. Ce caractère sociologique nouveau de la sexualité de la jeunesse américaine, comme aussi de celle de la jeunesse québécoise, ressort vivement de la toute récente thèse de doctorat de Denis Gagné sur le phénomène de la déviance [21]. Il y montre bien le passage graduel qui s'est effectué de la forme traditionnelle de la délinquance, sorte d'épiphénomène, d'une certaine façon normal dans la société et ne menaçant pas son équilibre, à une nouvelle forme de délinquance, appelée

---

20. Herbert Marcuse, *la Fin de l'utopie,* Neuchâtel, Delachaux et Niestlé, Paris, Seuil, 1968.
21. Denis Gagné, *Caractère social et déviance chez les adolescents de milieux ouvrier et aisé,* thèse de doctorat en criminologie présentée à l'Université de Montréal, juin 1970.

déviance, et qui, elle, implique un rejet des valeurs de la société adulte et une opposition à ses fondements mêmes. La jeunesse se façonne alors un monde bien à elle, où elle exprime sa lutte contre les adultes sous la forme de comportements, lourds de signification positive pour elle, mais jugés déviants par eux. La drogue, le nudisme en public, les relations amoureuses à ciel ouvert, en sont des exemples caractéristiques.

En somme, comme le souligne Ira Reiss, la jeunesse déviante trouve chez ses semblables le soutien social et culturel qu'il lui faut pour s'engager avec audace dans des actes, sexuels ou autres, qui s'opposent aux normes établies de la société et pour manifester ainsi son désir d'édification d'une nouvelle société [22]. On n'a plus affaire alors à une délinquance-épiphénomène ; c'est une déviance qui attaque la société de plein front, après y avoir installé son cheval de Troie.

LES TROIS COURANTS DE LA RÉVOLUTION SEXUELLE

Ces longues réflexions sur les rapports entre le sexuel et le socio-politique, soit dans les pays socialistes, soit dans les pays capitalistes, notamment aux États-Unis, ne nous ont pas, en fait, diverti de notre propos principal : celui de mieux comprendre le sens de la révolution sexuelle qui s'opère présentement dans la jeunesse du Québec. À vrai dire, cette révolution sexuelle présente un caractère composite qui en rend l'analyse ardue. Il me semble que, dans le moment, la révolution sexuelle des jeunes se compose de trois courants de pensée et de vie qui s'entrecroisent et s'influencent mutuellement. Il y a d'abord un grand nombre de jeunes, probablement surtout parmi les travailleurs, qui subissent fortement l'influence de la sexualité américaine, définie comme objet de consommation et acceptée par la plupart des membres de cette société. On peut en voir une confirmation assez nette dans le phénomène du nouveau cinéma québécois exploitant la sexualité facile et le prétendu érotisme à grand renfort de publicité pleine de boursouflures et de naïvetés.

En même temps que la sexualité typiquement américaine pénètre aisément dans notre milieu, la sexualité des jeunes contestataires américains, celle qui se révolte contre la précédente, affecte la mentalité

22. Ira L. Reiss, « Premarital Sex as Deviant Behavior : An Application of Current Approaches to Deviance », dans *American Sociological Review,* vol. 35, février 1970, p. 78-87.

et le comportement d'une proportion croissante de jeunes Québécois qui deviennent, eux aussi, révolutionnaires dans et par leur sexualité. Enfin, à cause des raisons mentionnées plus haut, l'idéal de transformation radicale du Québec que représente pour les jeunes le sur-moi indépendantiste contribue à la libération de leurs forces sexuelles, d'autant plus fortement que, d'une part, le sur-moi religieux d'antan exerce à peine maintenant sa censure vis-à-vis de la sexualité des jeunes et que, d'autre part, le sur-moi indépendantiste demeure flottant au-dessus des structures sociales et légales de notre société, sans y avoir été accepté et sans s'y être vraiment intégré. À la suite de la conjugaison, à des degrés divers, de ces trois courants de sexualité tendant tous, chacun à sa manière, au relâchement des mœurs austères d'autrefois, la jeunesse du Québec se trouve ainsi à baigner dans un climat extrêmement propice à une révolution sexuelle.

Si l'on applique à la sexualité les trois catégories idéologiques distinguées au chapitre de la révolution socio-politique, on s'aperçoit qu'elles ne possèdent pas la même vision de la révolution sexuelle ni n'entretiennent vis-à-vis d'elle les mêmes attitudes. Il est plus que probable, dans l'état actuel des connaissances sur la jeunesse indépendantiste du Québec, que les révolutionnaires radicaux, de type fortement idéologique et militantiste, se comportent sexuellement de manière plus discrète et plus austère, même si par ailleurs ils désirent un changement profond de la moralité sexuelle. En fait, ils sublimeraient leurs énergies sexuelles dans l'action révolutionnaire proprement dite ; elles y seraient canalisées, au service d'une cause estimée plus urgente et plus efficace que l'œuvre de démolition directe de l'ancienne éthique sexuelle.

En sens contraire, les libertaires et les anarchiques s'adonneraient de plain-pied à cette forme immédiate de contestation de la société par la révolte contre ses standards de sexualité. Dans la même mesure, ils valoriseraient plus que les radicaux la jouissance et l'hédonisme pour eux-mêmes. Ils auraient plus de chance alors de verser concrètement dans des formes plus nombreuses et plus variées d'érotisme.

Enfin, les réformistes auraient plus tendance que les deux autres groupes à se rapprocher du standard de la sexualité américaine. Voulant eux aussi une nouvelle société québécoise, ils y contribueraient à leur manière par un comportement sexuel passablement large (à mi-chemin entre la rigueur sexuelle des radicaux et le laxisme prononcé des libertaires), mais où se mêleraient une moins forte dose d'érotisme en même temps que des sentiments plus marqués de peur, de culpabilité et de contrainte morale.

Quoi qu'il en soit de ces tendances qui demandent d'ailleurs à être vérifiées empiriquement dans la réalité concrète, il n'en reste pas moins que le sur-moi indépendantiste, par ses idéologies particulières, peut exercer à l'égard de la sexualité une fonction ambivalente. D'un côté, il est susceptible de favoriser les expressions d'érotisme ; de l'autre, il peut harnacher les eaux vives de la sexualité et les faire servir à l'éclosion et à la réalisation de grands projets d'ordre social. Qu'il suffise, à titre d'illustration, d'évoquer certains événements qui sont survenus au Parti québécois, ces derniers mois. Il est évident, à mon sens, que pour bien des jeunes, la récente campagne électorale s'est vécue, surtout lors des immenses manifestations publiques du parti à Montréal et dans les autres régions de la province, comme une véritable fête érotique où l'on sentait la joie de vivre, l'enthousiasme de l'être et de l'action, la frénésie même de la vitalité libidinale. Jamais, le travail considérable fourni par les militants à cette occasion ne fut considéré comme un labeur ingrat ou une corvée pénible. Au contraire, le travail devenait plaisir. Il faut avoir participé aux réunions publiques du parti pour s'être rendu compte de leur caractère presque orgiastique, sans qu'il y ait eu, par ailleurs, de débridement sexuel proprement dit.

D'autre part, l'érotisme social et collectif du Parti québécois s'allie très bien avec une capacité intense de travail, une sobriété et une réserve presque sévères dans les manifestations strictement sexuelles. Le contraste, à ce propos, entre le ton sérieux et appliqué des congrès annuels du Parti québécois et le climat de foire et de partie de plaisir des congrès de l'Union nationale ou du Parti libéral, n'a pas manqué de frapper n'importe quel observateur impartial.

LA RÉVOLUTION SEXUELLE ET LA FEMME

Examiner la question de la révolution sexuelle au Québec, c'est nécessairement faire intervenir la femme au cœur du débat. Les diverses définitions de l'érotisme, par exemple, se fondent en définitive sur une vision explicite ou implicite de la femme et de son rôle sexuel dans la société. D'après Erich Fromm, qui distingue entre l'amour érotique et l'amour sexuel, le premier ne pourrait exister que sur la base d'une égalité réelle entre l'homme et la femme [23]. Or, la femme, selon les analyses pénétrantes de Wilhelm Reich, a été et est encore, dans le contexte de la moralité sexuelle bourgeoise, tenue dans un état d'infériorité par rapport à l'homme [24]. Reich déplore la scission qui s'est opérée à l'intérieur de la sexualité entre sa composante sensuelle et sa composante sentimentale. Comme objet d'amour, la femme a été grandement valorisée. On le voit clairement à l'analyse de ses rôles de fille, d'épouse et de mère. Cette tendance a été particulièrement forte au Québec, à l'époque du sur-moi nationaliste et religieux dominé par un clergé célibataire, où l'amour surtout envers la femme était nettement désexualisé.

Par contre, comme objet sexuel, la femme est souvent dévaluée. Elle n'a pas droit aux mêmes formes de comportement sexuel que l'homme ; on attache un prix spécial à sa virginité. C'est elle que l'Église catholique encourage à rester veuve, sans que la réciproque joue envers le mari veuf. C'est elle qui est pénalisée pour sa grossesse ou pour une activité de prostitution ; c'est contre elle que joue toujours la règle du double standard sexuel, en vertu de laquelle la même activité sexuelle est, d'un côté, permise à l'homme ou facilement tolérée et, de l'autre, défendue à la femme ou sévèrement réprimée. En effet, c'est bien sur cette dissociation chez la femme entre le sensuel et le sentimental que repose la norme du double standard. Elle implique à la fois la conception d'une infériorité sexuelle de la femme, à qui l'on refuse les mêmes droits et privilèges qui sont l'apanage de l'homme, et la vision d'une supériorité morale, sentimentale et mystique de la femme qu'on ne voudrait pas voir ternir chez elle en lui permettant d'accomplir les mêmes actes sexuels que l'homme. Dans ce domaine de la dévaluation sexuelle de la femme, notre passé québécois est très lourd et notre présent en est encore sérieusement grevé. Des enquêtes récentes sur la sexualité des jeunes Québécois l'ont de nouveau révélé sans équivoque [25]. C'est ce

23. Erich Fromm, « le Modèle de l'homme chez Freud et ses déterminants sociaux », dans *l'Homme et la Société*, n° 13, juillet-septembre 1969, p. 119-121.
24. La pensée de Wilhelm Reich là-dessus est présentée par Constantin Sinelnikoff, « Situation idéologique de Wilhelm Reich », dans *l'Homme et la Société*, n° 11, janvier-mars 1969, p. 60.
25. Rapport de recherche non publié, novembre 1964. Il a été préparé par le groupe de recherche en sexologie de l'Université de Montréal, Département de criminologie. Ce rapport s'intitule : *Dimensions psychosociologiques de l'éducation sexuelle.*

qui permet, du reste, de comprendre le décalage appréciable qui subsiste encore entre le comportement sexuel masculin et le comportement sexuel féminin, au Québec comme en bien d'autres pays [26].

L'amour érotique, donc, n'a de possibilité de se développer pleinement que si l'intégration se réalise chez la femme entre sa réalité sexuelle et sa réalité sentimentale, ce qui impliquerait que la femme devienne un être égal à l'homme. Il est très intéressant ici de constater l'évolution qui se fait jour dans la sexualité de la jeunesse québécoise. Il est avéré historiquement que l'idéologie socialiste, surtout depuis Marx et Engels [27], a promu l'égalité de la femme et favorisé son émancipation beaucoup plus que l'idéologie du libéralisme capitaliste. Or, le sur-moi indépendantiste, qui régit la conscience et l'inconscience des jeunes du Québec, contient, plus que tout autre sur-moi québécois, de vigoureux éléments d'idéologie socialiste. Il n'est pas surprenant dès lors que la femme se voie attribuer un rôle social, économique et politique bien plus influent au sein du Parti québécois que dans tous les autres partis politiques traditionnels. Dans celui-là, elle ne reste pas marginale comme dans ceux-ci ; elle est au contraire directement et pleinement intégrée aux structures du parti, au même titre que les hommes.

Dans la même veine, il semble bien que la jeune femme québécoise se libère plus rapidement et plus radicalement que sa compagne anglo-canadienne de l'image stéréotypée de la femme traditionnelle, ainsi que des nombreuses prohibitions ou tabous qui y sont assortis. La revue *Châtelaine* a publié, il y a quelque temps, les résultats d'un sondage mené auprès de femmes du Québec et du Canada anglais, aux fins de la Commission royale d'enquête sur le statut de la femme au Canada [28]. Il y était montré que les femmes québécoises, surtout les plus jeunes, adhéraient plus facilement aux nouvelles valeurs prônées par la révolution sexuelle. Il ne serait pas étonnant que la révolution socio-politique et la révolution scolaire, toutes deux liées concrètement, chez les jeunes Québécoises, à leur sur-moi indépendantiste, y soient un

---

26. Gary M. Maranell, Richard A. Dodder et David F. Mitchell, « Social Class and Premarital Sexual Permissiveness : A Subsequent Test », dans *Journal of Marriage and the Family*, vol. 32, février 1970, p. 85-88.
27. Friedrich Engels, *Origine de la famille, de la propriété privée et de l'Etat*, Paris, Costes, 1948.
28. Enquête effectuée pour la Commission d'enquête sur le statut de la femme dont le compte rendu est paru dans la revue *Châtelaine* de juin 1968.

facteur explicatif d'importance. Chose certaine, on sent davantage chez les femmes, même âgées, qui acceptent l'idéal d'indépendance du Québec ou militent en sa faveur, une mentalité féministe qui les pousse à lutter plus farouchement pour la libération de la femme dans notre société. Militer pour un Québec libre voudrait dire aussi militer pour une Québécoise libre.

La révolution sexuelle de la jeunesse québécoise, qu'elle soit féminine ou masculine, nous apparaît donc associée étroitement au phénomène révolutionnaire global qui se produit dans notre société, comme dans bien d'autres pays du monde. Nous avons vu plus haut comment la sexualité américaine, qu'elle soit objet de consommation ou de loisir, de type conformiste, ou qu'elle soit affirmation libre de soi, de type érotique contestataire, vient influencer sérieusement la sexualité de la jeunesse québécoise. En réalité, les deux courants sexuels, le courant conformiste et le courant contestataire, se conjuguent, d'une façon très difficile à déterminer concrètement, pour activer chez nous le mouvement de transformation des normes et des comportements de la sexualité. Voyons, plus en détail, les principaux changements qui pourraient caractériser ce phénomène de notre révolution sexuelle.

LES MODIFICATIONS DE LA SEXUALITÉ

Le premier changement à souligner concerne les relations sexuelles prémaritales. Plusieurs modifications sérieuses sont en cours. Il semble bien d'abord que la proportion de jeunes qui ont des relations sexuelles avant le mariage ait augmenté de façon très notable durant les quinze dernières années. Les études québécoises là-dessus sont encore peu nombreuses. On possède cependant quelques travaux qui, ajoutés à une observation bien attentive du monde des jeunes, nous fournissent des indices tendant à confirmer cet accroissement des relations sexuelles prémaritales. En tout cas, il serait bien étonnant que le Québec fasse exception à un mouvement assez généralisé dans les sociétés capitalistes hautement industrialisées, notamment aux États-Unis, en Suède, en Angleterre et en Allemagne.

Ira Reiss, spécialiste américaine de la question, a clairement montré que les relations sexuelles prémaritales sont à la hausse dans la jeunesse américaine [29]. Les filles, quoique dans une proportion moindre que les garçons, n'échappent pas cependant à ce phénomène. Peu avant le mariage, une bonne majorité des garçons (entre 60 % et 70 %) s'était déjà engagée dans des relations sexuelles, tandis qu'une proportion imposante de filles, même si elle reste minoritaire (de 40 % à 50 %), avait suivi la même voie. Des constatations semblables découlent d'une étude faite en Allemagne de l'Ouest, il y a quelques années [30]. La proportion d'étudiants universitaires qui s'adonnait aux relations sexuelles prémaritales (de 50 % à 60 %) était un peu moins forte qu'aux États-Unis ; par contre, l'écart entre le comportement des garçons et celui des filles était un peu moins large.

Non seulement le nombre grandit de ceux qui ont des relations sexuelles avant le mariage, mais aussi la fréquence de leurs relations et le nombre de leurs partenaires. Il est certain, à ce propos, que les jeunes filles, en général, passent par moins de partenaires que les jeunes garçons [31], surtout à cause de l'influence considérable du facteur proprement sentimental dans leur acceptation des relations sexuelles. Il pourrait être éclairant, à ce propos, de vérifier si cette donnée s'applique avec autant de force aux jeunes Québécoises, surtout à celles qui sont indépendantistes.

Mais le changement le plus remarquable, en ce qui regarde les relations sexuelles prémaritales, touche l'appréciation morale que l'on en fait. C'est là que l'aspect révolutionnaire se manifeste le plus. Même si Reiss note chez les jeunes la présence de réactions de culpabilité aux différentes phases de leur engagement sexuel prémarital, elle remarque aussi que cette culpabilité va en diminuant au fur et à mesure

29. Ira L. Reiss, *Premarital Sexual Standards in America,* New York, The Free Press of Glencoe, 1960 ; du même auteur, *The Social Context of Premarital Sexual Permissiveness,* New York, Holt, Rinehart and Winston, 1967 ; Robert R. Bell, *Premarital Sex in a Changing Society,* Englewood Cliffs, N.J., Prentice-Hall, 1966 ; Michael Schofield, *The Sexual Behaviour of Young People,* Londres, Longmans, 1965.
30. Hans Giese et Gunter Schmidt, *Studentsexualität. Verhalten und Einstellung, Eine Umfrage an 12 Westdeutschen Universitäten* [une enquête dans douze universités de l'Allemagne de l'Ouest], Reibek-Hambourg, Rowohlt, 1968.
31. Alfred D. Kinsey, Wardell Pomeroy et Clyde Martin, *Sexual Behavior in the Human Male,* Philadelphie, W. B. Saunders Co., 1948 ; Alfred D. Kinsey, Wardell Pomeroy, Clyde Martin et Paul Gebhard, *Sexual Behavior in the Human Female,* Philadelphie, W. B. Saunders Co., 1953 ; Winston W. Ehrmann, *Premarital Dating Behavior,* New York, Holt, Rinehart and Winston, 1959 ; Ira L. Reiss, *The Social Context of Premarital Sexual Permissiveness,* New York, Holt, Rinehart and Winston, 1967.

qu'ils se rapprochent des relations sexuelles proprement dites[32]. En toute occasion, ceux-ci admettent à l'endroit de ces relations un degré de tolérance bien plus élevé que celui que reconnaissent leurs parents. Les jeunes perçoivent qu'il existe un fossé entre eux et leurs parents, quant à leurs attitudes morales vis-à-vis des relations sexuelles prémaritales. Alors que 77 % des adultes de vingt et un ans et plus les regardent comme la violation d'une norme morale et sociale, la majorité des jeunes qui s'y adonnent, y compris les filles, les acceptent comme un comportement normal et justifiable. L'enquête allemande précitée offre des renseignements encore plus révélateurs. Quatre-vingt-dix pour cent des jeunes sont en faveur des relations prémaritales et les jugent comme bonnes si le partenaire est fixe et si on y est attaché par des liens émotifs. On voit ici que le comportement sexuel effectif (50 % à 60 %) des jeunes Allemands s'écarte moins de la morale traditionnelle que leurs attitudes et leurs jugements de valeur (90 %).

Il est à prévoir qu'on retrouverait la même tendance chez les jeunes du Québec, dont les attitudes et les normes seraient bien libérales, malgré un comportement éventuellement plus restrictif. En tout cas, les défenses morales provenant d'un code social, juridique ou religieux ont beaucoup moins de prise sur eux qu'auparavant. La norme qui tend, au contraire, à prévaloir chez eux est la suivante : devient acceptable tout rapport sexuel prémarital entre deux personnes qui se connaissent bien, qui ressentent de l'amour l'une pour l'autre, qui le veulent librement et qui peuvent l'accomplir sans détriment pour soi ou pour l'autre, avec une chance sérieuse d'épanouissement mutuel.

Se rattache aux relations sexuelles prémaritales la question de la virginité chez la jeune fille. Au Québec, comme aux États-Unis, la valeur culturelle et morale de la virginité est plus respectée et tenue en haute estime par les parents que par leurs enfants[33]. Chez les filles autant, sinon davantage, que chez les garçons, la virginité ne constitue plus un idéal intangible. On est plutôt porté maintenant à s'en moquer, à la ridiculiser et à l'interpréter comme une marque de faiblesse, d'impopularité, voire de crétinisme, du moins à partir d'un certain âge.

---

32. Ira L. Reiss, cf. note 31.
33. Robert R. Bell et Jack V. Buerkle, *Mother and Daughter Attitudes to Premarital Sexual Behavior, in Marriage and Family Living*, vol. 23, novembre 1961, p. 390-392.

Même la grossesse avant le mariage subit une évolution importante. Il y a seulement une dizaine d'années, elle se rencontrait surtout dans les milieux pauvres et de classe inférieure. C'est du moins ce que révélaient les différentes enquêtes à ce sujet. Actuellement, les études démontrent plutôt une généralisation du phénomène qui couvre autant les classes moyennes et bourgeoises que les classes inférieures [34], à l'instar du fait social de la nouvelle déviance que l'on retrouve maintenant aussi bien dans les milieux aisés que dans les milieux défavorisés. En outre, la grossesse est acceptée plus facilement par les jeunes, avec moins de honte et d'opprobre. Les mères célibataires gardent leur enfant plus souvent et plus ouvertement que par le passé.

La révolution sexuelle pousse encore plus loin. Elle tend à accréditer dans la jeune génération l'idée et la pratique de l'habitation commune entre le garçon et la fille, non dans le sens stigmatisant de l'appellation morale de concubins ou de l'appellation vulgaire d'« accotés », mais dans le sens noble et positif d'un mariage de probation ou d'une union provisoire en vue d'une éventuelle union plus durable. C'est là une nouvelle réalité sociale, dans le monde de la sexualité des jeunes Québécois. Déjà relevée il y a plus de trois ans [35], elle n'a cessé de grandir, depuis. En attendant une vérification empirique plus rigoureuse, qui se fera d'ailleurs sous peu, de ce phénomène extrêmement significatif, il faut dire pour l'instant qu'il s'inscrit, pour bien des cas, dans la sphère d'une conception radicalement changée du mariage et de l'amour humain.

En effet, le mariage traditionnel, souvent encore appelé le mariage bourgeois, que Wilhelm Reich a si férocement analysé, est de plus en plus en butte aux assauts de la jeunesse québécoise. Elle en dénonce le caractère exagérément institutionnel et juridique ; elle en décrit avec réalisme les dangers de routine, d'uniformité, d'étroitesse d'horizon, de psychologie « possessive » et jalouse. Bref, elle prend lucidement conscience, même si son jugement est parfois trop entier, de ses limites, de ses faiblesses et de ses échecs.

---

34. Lolagene C. Coombs, Ronald Freedman, Judith Friedman et William F. Pratt, « Premarital Pregnancy and Status before and after Marriage », dans *American Journal of Sociology,* vol. 75, mars 1970, p. 800-820.
35. Au printemps 1967, d'ailleurs à la grande émotion du public, je signalais à la télévision de Radio-Canada que le phénomène existait déjà, qu'il allait grandir et qu'il fallait l'institutionnaliser à certaines conditions.

En conséquence, les jeunes acceptent bien difficilement que le mariage, civil ou religieux, soit un cadre tout fait d'avance par la société ou par l'Église, qu'on leur imposerait de l'extérieur et dans lequel ils devraient s'enfermer jusqu'à la mort. Le divorce n'est pas seulement légalisé dans notre société, il est aussi reconnu dans la mentalité et dans la psychologie d'un bon nombre de jeunes. Ils tendent de plus en plus à vouloir maîtriser leur bonheur, en tant qu'artisans responsables. Si les nécessités de la vie l'exigent, ils veulent donc être capables de le chercher et de le trouver avec un autre conjoint. Par là, ils en arrivent à poser brutalement la question de la fidélité conjugale. Il devient assez courant, dans les milieux de jeunes, de parler de la fidélité en des termes bien différents de ceux d'une exclusivité physique ou sexuelle avec son partenaire. Pour eux, la vraie fidélité se situe à un autre niveau, plus intérieur et plus humain. Elle implique un attachement profond et spécial, à la fois par le cœur, par la pensée et par le corps, sans qu'il y ait forcément impossibilité de connaître sexuellement d'autres personnes [36].

Fondamentalement, le même esprit qui pousse les jeunes au désir de maîtriser la destinée de leur mariage les incite aussi à celui de dominer rationnellement la fécondité de leur foyer, par quelque technique que ce soit. Colette Carisse a bien mis en évidence, il y a déjà quelques années, que les femmes du Québec étaient loin, malgré leur appartenance à la religion catholique, de bouder les moyens artificiels de planification des naissances. Avec la vogue extraordinaire de la pilule anovulante, ces derniers temps, il est certain que les filles actuelles ont encore bien moins de résistance psychologique et morale à l'usage des contraceptifs que les femmes d'il y a cinq ans. Non seulement, du reste, la contraception est aisément acceptée, mais on commence en plus à soutenir la cause d'une plus grande libéralisation de l'avortement.

Effectivement, au Canada, certaines lois relatives à la sexualité se sont élargies, notamment en ce qui concerne l'homosexualité. Un tel adoucissement, certes, contribue à la création d'un climat de tolérance et de respect envers les multiples expressions de la sexualité. Mais il me semble que l'idéologie contestataire, de type anarchique et libertaire, qui caractérise un grand nombre de jeunes aujourd'hui, est encore plus décisive à ce propos. Elle se rattache au phénomène de la nouvelle

---

36. La question de la fidélité conjugale est posée de nouveau d'une façon tout à fait spéciale dans les « communes » de couples.

déviance évoqué plus haut. Par cette idéologie, les jeunes non seulement tolèrent mieux les formes de sexualité jugées anormales ou déviantes selon les critères de la moralité officielle, mais en plus ils sont portés à exprimer à travers elles leur besoin d'affranchissement, d'autonomie, de liberté personnelle et créatrice. C'est, pour la sexualité, comme un pendant du surréalisme en matière d'art !

Nous avons souligné au début de ce chapitre la disjonction qui existait encore entre la révolution sexuelle et la révolution socio-politique ou scolaire, dans le milieu de la jeunesse québécoise. Malgré leur interdépendance certaine, le domaine sexuel n'est pas encore pleinement intégré au domaine socio-politique et au domaine scolaire. Le ça des énergies libidinales ne s'articule pas bien avec la conscience du moi scolaire et l'inconscient du sur-moi indépendantiste. Pourquoi ? Parce qu'en définitive le moi des jeunes ne trouve pas, à l'échelle du Québec, de quoi employer les forces vitales de leur ça au service de l'idéal de leur sur-moi. La voie est bloquée du fait que les principales structures de pouvoir, de décision et de soutien dans notre société appartiennent à des personnes et à des groupes mus par un autre idéal et dotés d'une perception de la réalité tout à fait différente. Le ça des jeunes ne débouche pas dans l'ensemble de la société ; les ponts sont coupés entre les énergies de leurs aînés et les leurs. Voilà pourquoi celles-ci s'affolent, se soustraient à l'emprise et à la direction d'un sur-moi qui ne s'incarne pas encore concrètement dans notre texture sociale et que le Québec comme tel n'a pas encore fait sien. Voilà pourquoi aussi ces énergies tendent à ne pas entrer dans le champ de la conscience du moi ou à s'en dégager, par la fuite ou l'évasion dans le monde imaginaire.

Nous touchons peut-être ici la raison profonde du phénomène troublant de l'usage de la drogue chez les jeunes. Selon le rapport de la Commission Ledain, de 10 % à 15 % des étudiants du niveau secondaire auraient déjà consommé de la drogue sous quelque forme que ce soit. Au dire de plusieurs jeunes, ces chiffres sont vraiment conservateurs. Il y en aurait beaucoup plus qui utilisent de la drogue, de façon plus ou moins régulière.

Toutes sortes de raisons sont apportées pour tenter d'expliquer la diffusion rapide de ce nouveau comportement social. Tantôt l'on parle d'affirmation de soi par le jeune, de libération de son pouvoir créateur ; tantôt de son affranchissement d'une société bureaucratisée, programmée, déshumanisée. Il est question par la drogue de contester ouvertement ce genre de société ou de s'évader de l'état d'incertitude et d'angoisse qu'elle provoque, en se créant des îlots de paix et de sécurité. Ou encore l'utilisation de la drogue s'explique par un manque de communication du jeune avec ses parents, ses éducateurs, les chefs de la société. Elle peut aussi provenir d'un simple désir d'aventure, pour le *kick* qu'elle procure, ou d'un besoin de conformisme social, pour faire comme les autres. Au fond, toutes ces raisons sont justes et se rejoignent dans la même réalité pénible d'une immense déperdition des forces vitales du ça de la jeunesse québécoise, parce qu'elles ne trouvent pas où s'exercer, parce qu'elles sont prises dans le cul-de-sac d'une société dont le moi et le sur-moi ne cadrent plus avec ceux de sa jeune génération [37]. S'il n'y a plus de monde à construire, il en reste au moins un à imaginer !

Dernier point à relever concernant la révolution sexuelle des jeunes : elle est encore, malgré tout, liée à la tradition religieuse et sacrée de notre passé et de l'histoire collective du genre humain. Plusieurs ethnologues ont déjà souligné le caractère mythologique et sacré de la sexualité des peuples primitifs. Les pays dits civilisés n'échappent pas à ce monde du mystère qui environne et même englobe la sexualité : les nombreux tabous sexuels qui y règnent encore sont là pour le prouver. Au Québec, le passé profondément religieux dans lequel s'est enracinée notre sexualité traîne ses vestiges au cœur même de la révolution sexuelle des jeunes. Il faudrait en explorer le champ avec attention, méthode et perspicacité. Je me contenterai, pour l'instant, de deux brèves observations se rapportant à un événement récent : celui du *teach-in* sur la sexualité, tenu à l'Université de Montréal, du 9 au 12 mars dernier.

Le Dr Roger-R. Lemieux, psychiatre attaché au Service de santé de l'Université de Montréal, notait à cette occasion un écart considérable chez les jeunes entre leurs attitudes intellectuelles « très évoluées » et leur appartenance émotionnelle profonde à un passé de défenses, de tabous, de punitions ou de menaces [38]. Par ailleurs, Solange

---

37. Il est intéressant de noter que l'expression *underground,* utilisée pour désigner une réalité où la drogue, entre autres, a sa large place, évoque précisément les couloirs souterrains du ça.

38. L'affirmation du Dr Lemieux est rapportée dans un article de Solange Chalvin paru dans *le Devoir,* 28 février 1970, p. 19.

Chalvin faisait remarquer qu'à son grand étonnement, ce *teach-in* avait pris l'allure d'un cours magistral sur la sexualité, sans que les étudiants y aient trouvé un mot à redire [39]. Bien au contraire, ils semblaient eux-mêmes désirer cette forme autoritaire de communication du savoir. On voit bien par là que les jeunes, en matière de sexualité, conservent encore des sentiments de crainte révérencielle, de respect envers l'autorité et le maître, qui les rattachent à un passé religieux où dominent le sens du mystère, le trouble de l'Absolu et le silence de l'adoration.

---

39. Voir article de Solange Chalvin dans *le Devoir*, 12 mars 1970, p. 9.

CHAPITRE V

RÉVOLUTION CULTURELLE

Parce qu'elle se déroule simultanément sur les fronts socio-politique, scolaire et sexuel, à la fois de façon interchangeable et interdépendante, la révolution de la jeunesse québécoise devient une révolution culturelle. Sommairement, c'est son caractère global, totalisant qui permet de lui conférer ce nouveau titre. Mais il faut en analyser plus précisément la signification véritable.

La révolution de la jeunesse du Québec est aussi culturelle, mais non dans le sens élitiste qu'a progressivement pris, au cours de l'histoire occidentale, le terme « culture » réservé à une classe supérieure pouvant se permettre, par son rang, sa fortune ou ses loisirs, les jeux de l'esprit ou de la conversation, les plaisirs de l'art ou de la table, l'initiation aux arcanes de la science ou aux mystères des voyages. En ce sens, la jeunesse révolutionnaire du Québec, même si elle se recrute encore davantage dans les couches moyennes et bourgeoises de la société, possède toute la force explosive capable de faire tomber graduellement les barrières des strates sociales. Dans la même mesure, elle ne se confine pas de soi à un groupe d'élite qui aurait pour mission d'éduquer les « non-cultivés », les « barbares » et de leur montrer la voie de leur destin. Au contraire, le potentiel révolutionnaire de la jeunesse, par sa propre force intérieure, est susceptible de rejoindre — et rejoint déjà en fait de façon notable — toutes les classes socio-économiques qui y sont représentées. En d'autres termes, la révolution culturelle des jeunes n'est pas celle d'un groupe sélect, assumant le noble rôle d'une élite ; elle couvre, au moins virtuellement, l'ensemble des effectifs de la jeunesse.

Il ne faut pas non plus entendre cette révolution culturelle dans le sens qu'attribue au terme « culture » la science ethnologique des peuples dits primitifs. La signification ethnologique de « culture » revêt, il est vrai, un caractère de synthèse et de globalité que l'on peut retrouver dans la révolution culturelle des jeunes Québécois. Mais la globalité de la « culture » ethnologique et celle de la « culture » des jeunes en révolution diffèrent sensiblement. Dans le premier cas, il est notoire que la dimension proprement politique ne joue pas un rôle de synthèse vraiment marqué au sein des sociétés primitives. C'est d'ailleurs là une de leurs caractéristiques principales. Elles sont de structures sociales trop simples et trop peu différenciées pour que la fonction politique en ressorte clairement et puisse s'y exercer de façon décisive. En revanche, la révolution culturelle de la jeunesse québécoise m'apparaît s'appuyer sur une base strictement politique. C'est la pierre d'angle de toute la construction révolutionnaire qui s'échafaude présentement. On pourrait sûrement imaginer que la révolution n'existerait pas moins dans la jeunesse du Québec, même si le facteur politique y était réduit à une faible importance. C'est probablement vrai, mais ce type de révolution serait bien distinct de celui que nous vivons présentement.

Il serait inexact aussi d'assimiler la révolution culturelle de la jeunesse québécoise à la révolution culturelle chinoise qui a bouleversé ce pays, il y a quelques années. Les jeunes du Québec ne peuvent s'identifier aux jeunes « gardes rouges » de la Chine de Mao. Pour ces derniers, en autant qu'on a pu en juger par les maigres renseignements qui sont parvenus au monde occidental, il s'agissait avant tout de faire revenir l'idéologie communiste chinoise à sa base populaire. C'était un mouvement de rébellion contre des structures hiérarchiques et bureaucratiques vraisemblablement trop prononcées, qui risquaient de faire verser le communisme chinois dans une forme de « révisionnisme » apparentée à celle du communisme russe. Il n'était donc pas question du tout de renverser totalement le régime communiste chinois et d'y substituer un autre type bien distinct d'économie et de gouvernement politique. La révolution culturelle chinoise se situait nettement dans les limites du régime économique et politique d'alors. Par là, elle ne peut vraiment servir à définir ou à caractériser la révolution culturelle de la jeunesse québécoise. Celle-ci vise avant tout à renverser la structure sociale et politique de base du Québec actuel, pour lui en donner une autre complètement différente et vraiment autonome.

CARACTÈRE POLITIQUE DE LA RÉVOLUTION CULTURELLE

La révolution culturelle de la jeunesse du Québec peut-elle se définir d'après le modèle de la révolution culturelle qui s'effectue aux États-Unis sous l'impulsion de la jeunesse américaine ? Pas davantage, en tout cas, pas en tous points. Certes, bien des éléments de cette révolution américaine se retrouvent ici, surtout dans le cadre de l'idéologie libertaire et anarchique. Nous en avons analysé quelques-uns précédemment.

Mais au moins deux différences fondamentales séparent la révolution culturelle québécoise de la révolution culturelle américaine. Cette dernière ne touche pas directement le système politique de démocratie présidentielle qui est en vigueur dans ce pays, quoiqu'elle en dénonce les faiblesses et qu'elle condamne la mentalité impérialiste et conservatrice de ceux qui en détiennent le pouvoir et en exercent l'autorité. Elle s'attaque plutôt aux styles de vie subtilement répressifs que sécrète une société rageusement technocratique et fébrilement tournée vers l'idéal de la consommation ostentatoire à satisfaire à tout prix par une productivité effrénée. Ce n'est pas parce qu'elle est trop pauvre ou trop dépendante que la société américaine est objet de révolte. C'est parce que son opulence et sa puissance extrême méprisent l'homme. On peut donc voir que la révolution culturelle américaine possède, d'une part, une signification plus anthropologique que politique et, d'autre part, une signification plus personnelle que collective. Les États-Unis existent comme entité politique autonome, indépendante, trop puissante même. Ils ne sont pas en quête de leur identité collective. C'est l'individu américain qui veut vivre et se libérer, écrasé qu'il est sous le poids d'énormes structures économiques et sociales.

La révolution culturelle québécoise, au contraire, recherche un pouvoir politique nouveau, typiquement québécois, qui lui donne suffisamment d'autonomie et d'indépendance pour se tenir debout face aux autres. En même temps, elle aspire à l'identité de l'être collectif québécois, qu'elle veut sortir des langes d'une histoire fabriquée par les autres et pour les autres. De cette double façon, la révolution culturelle de la jeunesse québécoise se distingue nettement de celle de la jeunesse américaine. Foncièrement, elle s'exprime en idéal politique et en désir d'être collectivement, de manière suffisante. C'est pour le Québec un problème de « pas assez d'être », de pénurie d'être, sur le plan du pouvoir politique et des structures sociales. Tandis qu'aux États-Unis, c'est un problème de « trop d'être », de surabondance d'être, sur ces plans collectifs. L'individu ne s'y retrouve plus. C'est comme si le Québec vivait encore, dans ces domaines, au début de l'ère industrielle, à l'époque de la pénurie des biens, alors que les États-Unis ont rejoint, sur les plans politique et social, la période postindustrielle d'opulence dans laquelle ils s'étaient déjà engagés économiquement.

Les équivoques et les tensions internes se multiplient au Québec du fait que les deux modèles : celui de la pénurie et celui de la surabondance, coexistent, se côtoient quotidiennement et même entrent en interaction, alors qu'ils ne sont pas du tout ajustés l'un à l'autre ni faits pour communiquer. Le modèle de la pénurie est spécifiquement québécois et de langue française ; il s'applique aux domaines politique et social. Le modèle de la surabondance est typiquement américain ou anglo-canadien (ce qui, à toute fin pratique, ne se distingue pas tellement !) et de langue anglaise ; il s'applique au domaine économique. Voilà pourquoi le Québec concrètement vit à cheval sur deux périodes d'histoire complètement distinctes et qui même s'excluent réciproquement : la période préindustrielle ou initialement industrielle de la pénurie et la période postindustrielle de la surabondance. Sur des plans différents, le Québec appartient en même temps à deux ères : celle du passé par son pouvoir politique et social, celle du présent, pour ne pas dire du futur, par son pouvoir économique. Comme exemple d'écartèlement historique, on peut difficilement trouver mieux !

La situation se complique encore davantage, si l'on considère que le modèle économique d'opulence, de type américain ou anglo-canadien, et le modèle socio-politique de pénurie, de type franchement québécois, se trouvent précisément, dans le concret de la vie, aux mains de personnes appartenant à des sociétés fort différentes, voire à des pays distincts. Ce sont des Anglo-Canadiens et des Américains en chair et en os, et non seulement la société abstraite américaine ou anglo-canadienne, qui détiennent effectivement la force du pouvoir économique québécois. Tandis que ce sont des Québécois français, et non le Québec comme entité abstraite, qui « détiennent » effectivement la faiblesse du pouvoir socio-politique québécois. On n'a pas à se scandaliser dès lors des deux « solitudes » qui cohabitent au Québec, puisqu'elles évoluent dans deux sphères différentes, (celle de l'économique contre celle du socio-politique), et à deux époques tout à fait opposées (celle de la surabondance contre celle de la pénurie). Ces deux « solitudes » ne se rencontrent pratiquement que pour les besoins de leur propre cause : la « solitude » économique, pour faire légitimer et promouvoir sa surabondance par le pouvoir socio-politique, la « solitude » socio-politique, pour assurer ses fragiles assises par le pouvoir économique.

Il va sans dire que, malgré ces deux « solitudes », le Québec dans son ensemble profite, ne serait-ce que marginalement, de cette surabondance économique qui règne parmi nous, à cause des Anglo-Canadiens et des Américains. Le Québec, en général, est sûrement plus riche matériellement à cause d'eux. Il faut quand même s'empresser d'y mettre une sourdine sérieuse, et c'est le rapport Raynauld de la Commission Dunton-Gagnon qui nous la fournit. Au Québec, ce n'est pas tellement la majorité québécoise de langue française qui profite de cette situation d'opulence économique. Bien au contraire, hormis la communauté italienne, elle est la dernière à en bénéficier. Le Québec comme entité collective est plus favorisé économiquement que la plupart des pays du monde. Cette constatation toute relative vaut surtout pour les étrangers ou, s'ils demeurent au Québec, pour des gens qui ne sont pratiquement pas intéressés à s'identifier à la majorité québécoise. Il est bien clair, dans cet état de chose, que la condition des Québécois de langue française équivaut à celle de parents pauvres, pour ne pas dire de domestiques, dans leur propre maison. Sous cet aspect, la révolution de la jeunesse québécoise s'apparente davantage à celle du *Black Power* qu'à celle de la jeunesse américaine en général. Il est significatif, d'ailleurs, de constater que les jeunes noirs révolutionnaires se définissent en termes de pouvoir, à la façon des jeunes Québécois qui veulent « le Québec aux Québécois ». Ce n'est pas là du tout la problématique envisagée par les jeunes Américains. Ils ne clament pas « le pouvoir aux Américains » : ils trouvent qu'ils en ont déjà trop !

Quand donc la jeunesse québécoise, surtout celle de type anarchique et libertaire, entre en révolution contre la société de consommation, imitant en cela le modèle de la révolution américaine, ce n'est pas tellement contre le Québec comme tel qu'elle s'insurge, c'est contre les États-Unis et le Canada américanisé qui vivent à l'intérieur du Québec.

Le côté répressif de la société opulente que la jeunesse libertaire dénonce alors, appartient vraiment au Québec d'aujourd'hui, mais ne vient pas du Québec et de son fonds le plus intime. Il est importé du dehors par des êtres qui lui restent singulièrement étrangers. C'est précisément là une des équivoques les plus sérieuses qu'on entretient au sujet du mouvement révolutionnaire de la jeunesse anarchique. On laisse croire, qu'en voulant révolutionner le Québec, il se bat contre lui, tandis qu'en réalité, il lutte en sa faveur contre l'impérialisme américain.

LA RÉVOLUTION CULTURELLE
DU LIBERTAIRE QUÉBÉCOIS

Du reste, même l'idéologie libertaire québécoise, celle qui ressemble le plus à l'idéologie américaine, s'en distingue nettement par sa recherche, consciente ou inconsciente, non seulement de la liberté personnelle et du pouvoir créateur individuel, mais encore et surtout de la liberté collective du Québec et d'un pouvoir autodéterminant d'ordre politique. Si tel n'était pas le cas, si, en définitive, la révolution libertaire québécoise ne poursuivait pas un objectif politique et collectif, on ne pourrait pas saisir de différence entre les jeunes libertaires québécois de langue française et ceux de langue anglaise. Or, cette différence est si considérable qu'elle est l'évidence même. À part quelques exceptions dont Stanley Gray est une excellente illustration (exceptions qui confirment la règle), les jeunes libertaires anglophones font la révolution au Québec exactement comme si le Québec n'existait pas, comme si eux-mêmes n'y vivaient pas. Ils font une révolution strictement américaine, sur un territoire québécois. Voilà pourquoi ils restent complètement marginaux aux grands courants de pensée et d'action collective qui agitent la majorité française du Québec. Non seulement ils se tiennent sur des voies parallèles, mais souvent ils s'inscrivent directement contre ces courants.

Nous aboutissons alors à un paradoxe, voire à une contradiction, interne au mouvement libertaire québécois et qui serait absolument inexplicable sans la différence radicale qui sépare anglophones et francophones. D'un côté, la même idéologie les rassemble contre la société de consommation ; de l'autre côté, ils s'opposent et luttent les uns contre les autres, comme on l'a vu à l'occasion du problème de Saint-Léonard, de l'affaire McGill, du bill 63 et de la dernière campagne électorale, quand il s'agit des intérêts collectifs du Québec francophone et de son affirmation politique complète. D'où l'on voit avec évidence qu'à travers la révolte contre la société de consommation et au-delà d'elle, les libertaires francophones recherchent quand même une révolution vraiment québécoise, de caractère social et politique. C'est ce qui leur permet de temps en temps, lorsque des luttes collectives s'engagent sur le sujet du Québec, de réintégrer les rangs de la jeunesse québécoise et de combattre avec elle pour le Québec, et non plus simplement contre les États-Unis.

Autrement, le mouvement libertaire québécois de langue française resterait simplement marginal, lui aussi, comme son homologue anglais. Il risquerait alors de dégénérer en pure contestation ; il ne serait plus une force révolutionnaire proprement dite. André Stéphane distingue bien entre ces deux réalités : la contestation et la révolution [1]. La première cherche à éviter le dépassement œdipien. Elle ne s'intéresse pas tellement au principe de réalité, elle se contente plutôt de détruire la société (« casser la baraque »). La seconde vise à réaliser le dépassement œdipien. Elle recherche une nouvelle réalité, meilleure et plus humaine que la précédente et s'il faut détruire celle-ci, même par la violence physique, cet acte de destruction n'est que secondaire et complémentaire par rapport à son acte positif de construction d'une réalité supérieure. Le révolutionnaire vise un but défini et s'intéresse à un contenu objectif ; le simple contestataire pose des gestes subjectifs et s'interroge peu sur le contenu de ses revendications. Une telle analyse de la contestation et de la révolution, si tranchante soit-elle, m'apparaît foncièrement juste. À la lumière de cette distinction, une idéologie de type libertaire et anarchique qui, au Québec, ne s'abouterait pas à l'idéal proprement révolutionnaire que recherche le sur-moi indépendantiste et qui n'y travaillerait pas concrètement, sombrerait vite dans la contestation stérile et le geste théâtral. Elle ne pourrait même pas former un pouvoir parallèle : elle se dissoudrait dans la marginalité insignifiante. C'est le lot et le drame des jeunes contestataires anglophones du Québec !

---

1. André Stéphane, *l'Univers contestationnaire ou les nouveaux chrétiens, étude psychanalytique*, Paris, « Petite Bibliothèque Payot », n° 134, 1969, p. 289-299.

Aux États-Unis, le mouvement de contestation libertaire cherche, en fait, à devenir révolution. Mais il sait bien qu'il se heurte à un pouvoir établi, aux proportions gigantesques, où les trois ordres économique, social et politique relèvent tous du modèle de la surabondance et s'intègrent parfaitement l'un dans l'autre. Il ne reste à la jeunesse révolutionnaire pratiquement plus d'autre issue que celle d'établir un pouvoir parallèle, de créer un *underground,* celui-là taillé à la mesure de l'homme et apte à lui procurer un mode de vie et des conditions d'environnement favorables à sa libération personnelle et à l'exercice de ses facultés créatrices. C'est ce que j'appelais plus haut une révolution anthropologique, centrée sur la personne comme individu d'un prix inestimable. Il est aisé de comprendre, dans ce contexte, pourquoi la jeunesse américaine, malgré son orientation révolutionnaire, demeure généralement peu sensible aux révolutions de type collectif et politique qui éclatent un peu partout dans le monde, surtout en Afrique et en Asie. La jeunesse américaine, tournée qu'elle est vers un autre type de révolution, se trouve peu encline à saisir la portée des révolutions socio-politiques et, en conséquence, à les appuyer efficacement.

C'est ce même genre de révolution culturelle, à forte teneur socio-politique, qui se produit au Québec à l'heure présente. Elle permet un rapprochement plus facile, presque spontané, des jeunes Québécois avec les jeunes du Tiers-Monde. Les deux partagent au moins quelques éléments propres au modèle de la pénurie : ils vibrent sur la même longueur d'onde. À l'opposé, on saisit mieux pourquoi l'évocation de la question du Québec est vouée presque fatalement à l'échec, si elle se fait uniquement par le biais de l'économique sans intégrer celui-ci à la dimension capitale du socio-politique. Vouloir proposer au Québec un programme de révolution économique à tendance socialiste, si faible ou si forte soit-elle, en laissant non résolu le problème de son indigence socio-politique, en ne prenant pas nettement position en faveur de son indépendance politique, c'est, à mon sens, faire inévitablement fausse route ; c'est aborder les problèmes relatifs à un modèle de pénurie avec des essais de solution appropriés à un tout autre modèle, celui de la surabondance.

En effet, la solution économique du socialisme, coupée elle-même dans l'étoffe d'une ère de pleine industrialisation ou même de post-industrialisation, à l'heure où l'opulence commence à prévaloir, ne peut s'appliquer à une société essentiellement écartelée entre un modèle d'abondance économique et un modèle de pénurie socio-politique que si ce dernier est hissé au niveau du premier par la pleine possession de son indépendance politique. Je ne sais pas si le Nouveau Parti démocratique (NPD) du Canada s'en est aperçu, mais il aurait déjà payé amplement, en ressources humaines et matérielles, pour s'en apercevoir.

Il est très significatif que ce parti n'ait jamais réussi de prise vigoureuse dans la population du Québec. À mon avis, il n'en réussira jamais, quelles que soient ses propositions socialistes, tant et aussi longtemps qu'il restera un parti de la Confédération canadienne et ne prônera pas l'indépendance politique du Québec. S'il ne s'y résout pas, il ferait mieux de ne pas gaspiller ses énergies au Québec. Du reste, il est bien révélateur aussi que la plupart des militants actuels du NPD au Québec soient de langue anglaise, donc de la société où prédomine le modèle d'abondance. Avec une solution principalement économique relevant de ce dernier modèle, ils ne peuvent espérer rejoindre les Québécois de langue française si ceux-ci demeurent dans leur modèle de pénurie socio-politique. Le socialisme n'a de chance dans une société que si elle appartient totalement au modèle de pénurie ou totalement au modèle d'abondance. Tel n'est pas le cas au Québec. Il faut donc passer par l'indépendance politique pour escompter le triomphe d'une forme quelconque de socialisme. Autrement, ce serait de la pure utopie proudhonienne ! Les Vietnamiens ne le savent que trop [2] !

Ils le savent aussi, tous les socialistes francophones d'il y a quelques années qui sont passés tour à tour dans le camp des indépen-

---

2. Partout où des sociétés, encore politiquement dépendantes ou colonisées, vivent à l'intérieur d'un modèle de pénurie économique et veulent s'en dégager pour accéder à un modèle d'abondance économique, il me semble pratiquement indispensable qu'elles passent d'abord par la révolution politique et obtiennent leur indépendance politique. C'est ce qui expliquerait la floraison de déclarations d'indépendance politique que l'on a pu constater depuis 1945, ainsi que la résurgence d'un nationalisme combatif dans les sociétés pauvres, même si elles sont déjà politiquement indépendantes, lorsqu'elles veulent entrer dans le modèle d'abondance économique. Tout cela, même si c'est le XIXe siècle et non le XXe, au dire de certains, qui est le siècle du nationalisme ! Le XIXe siècle fut le siècle du nationalisme pour les sociétés de l'époque qui voulaient devenir riches et étaient en passe de le devenir. Le XXe siècle est le siècle du nationalisme pour les sociétés d'aujourd'hui (surtout en Afrique et en Asie) qui veulent réaliser, un siècle plus tard, ce que les autres ont voulu et pu faire, un siècle plus tôt. Le cas du Québec reste foncièrement différent, parce que son modèle économique est un modèle d'abondance et non de pénurie.

dantistes. Fernand Dumont notait récemment que les socialistes de sa génération étaient devenus indépendantistes précisément en passant par leur socialisme[3]. Ce n'est pas l'effet du hasard. Ils avaient réalisé que le socialisme ne peut s'instaurer au Québec, de quelque manière que ce soit, que par la voie de l'indépendance politique. Il faut en tirer une grave leçon d'histoire !

CARACTÈRE QUÉBÉCOIS
DE LA RÉVOLUTION CULTURELLE

Toutes ces considérations nous amènent, par divers chemins, à réaffirmer notre conviction que la révolution culturelle de la jeunesse québécoise est bien différente de celle conduite par la jeunesse américaine. Elle ne se rapproche pas pour autant du modèle plus européen de révolution culturelle qui, lui, sans être nécessairement toujours marxiste, fait appel davantage à la distinction des classes sociales au sein des sociétés fortement industrialisées. Dans ce contexte, la révolution culturelle porte sur l'« objet industriel » par opposition à l'« objet artisanal », selon les catégories de Jean Baudrillard, et sur la culture comme héritage provenant de l'appartenance à la classe dominante.

> [...] ce qui caractérise l'objet industriel par opposition à l'objet artisanal, c'est que l'inessentiel n'y est pas laissé au hasard de la demande et de l'exécution individuelle, mais qu'il est aujourd'hui repris et systématisé par la production qui assure à travers lui (et la combinatoire universelle de la mode) sa propre finalité.
> [...] La culture ne s'apprend pas, elle participe d'un héritage qui est l'appartenance à la classe dominante. Ainsi une minorité sociale impose des modèles d'objets conformes à ses traditions culturelles, tandis que la majorité vit sur des séries de qualité moindre issues de ces modèles renvoyant formellement seulement à ceux-ci. Les rapports entre modèles et séries éclairent les aspects culturels, par conséquent liés aux différences de classe, de la production des objets[4].

La révolution culturelle de la jeunesse québécoise ne vise pas spécifiquement l'objet industriel et la culture d'une classe dominante.

---

3. Cf. extraits d'une conférence du 6 juin 1970 présentés dans *le Devoir*, 9 juin 1970, p. 5-6.
4. Jean Baudrillard, *le Système des objets. Du « système des objets » à la critique du système*, Paris, Gallimard, « Les Essais », 1968. Cette citation est reproduite par Jean Aubert, dans *l'Homme et la Société*, nᵒ 11, janvier-mars 1969, p. 229.

Elle est principalement de caractère socio-politique, pour autant qu'elle cherche, par le moyen à la fois privilégié et urgent de l'indépendance politique, à instaurer un nouvel ordre social, y compris une nouvelle économie. Elle est secondairement de caractère intellectuel et de caractère humain, au sens anthropologique du terme, dans la mesure où un nouvel ordre socio-politique commande une nouvelle organisation du savoir (c'est la révolution scolaire) et un nouvel aménagement ainsi qu'une nouvelle utilisation des forces libidinales des individus (c'est la révolution sexuelle). C'est là, je crois, la physionomie propre de la révolution culturelle chez les jeunes du Québec. Elle est culturelle parce qu'elle touche, à travers le socio-politique, le scolaire et le sexuel, les trois dimensions fondamentales de l'être collectif de la jeunesse : son ça, son moi et son sur-moi. Elle se trouve ainsi à revêtir un caractère de globalité et de totalité qui en explique la portée et la signification profondément culturelle. Mais encore une fois, c'est surtout par le truchement de la révolution socio-politique que la révolution culturelle des jeunes s'accomplit présentement et qu'elle est susceptible de se parachever.

À cet égard, le jugement porté par Joffre Dumazedier sur le sens de la révolution étudiante française, surtout lors des événements de mai 1968, ne s'applique pas tel quel à la situation révolutionnaire des jeunes du Québec. Pour lui, le problème du nouveau pouvoir étudiant, celui d'un nouveau pouvoir culturel, est entendu au sens qu'il doit constituer un mouvement autonome d'innovation et de stimulation permanente opérant la révolution dans les mentalités [5]. Pour les jeunes du Québec, la révolution culturelle transforme les mentalités, mais par le biais du sur-moi indépendantiste et de la recherche d'une identité collective politique. La position de Marcel Rioux semble se situer dans cette perspective, bien que sa pensée à cet égard soit parfois fuyante. Elle m'apparaît acceptable, lorsqu'il parle de la recherche au Québec d'une nouvelle culture ouverte et dynamique, dans la mesure là aussi où cette recherche vise immédiatement et directement, quoique non exclusivement, la dimension socio-politique de la nouvelle culture québécoise [6].

5. Joffre Dumazedier, « A un étudiant révolutionnaire », dans *Esprit,* 36e année, août-septembre 1968, p. 61-80.
6. Marcel Rioux, *la Question du Québec,* Paris, Seghers, 1969.

Autant dire que la révolution culturelle des jeunes du Québec présente des traits tout à fait inédits, encore que fort complexes. Elle est une révolution proprement québécoise, même si elle fait des emprunts pour une large part à des sources extérieures, même si elle contient plusieurs éléments révolutionnaires de dimension internationale. À ce propos, l'affirmation de Marcuse consistant à dire que le cadre de la révolution est maintenant devenu mondial [7], demande à être atténuée en ce qui regarde la révolution québécoise.

Cela nous amène à penser que la révolution culturelle ne s'accomplira pleinement pour l'ensemble du Québec que si elle sort des profondeurs mêmes de la réalité québécoise et si elle respecte les lignes maîtresses qui se dégagent déjà de la révolution des jeunes. En d'autres termes, importer des modèles tout faits de révolution et les appliquer univoquement à la situation québécoise risquerait de trahir la spécificité de la réalité révolutionnaire du Québec, de gauchir les forces de la révolution à des fins irréelles ou étrangères et de compromettre ainsi le succès de cette œuvre nécessaire.

Nous avons distingué, au chapitre de la révolution socio-politique, trois types d'idéologie qui s'insèrent sur la trame du sur-moi indépendantiste. Le principal danger, peut-être, que représentent ces idéologies est que l'une d'entre elles triomphe tellement des deux autres qu'elle finisse par les engloutir et les faire disparaître. On pourrait aboutir alors, en ce qui concerne l'idéologie militante « radicaliste », à l'imposition d'un modèle de révolution économique de type léniniste ou maoïste ou castriste. Si c'était l'idéologie anarchique et libertaire qui annihilait les autres, on pourrait se voir contraindre à un modèle de révolution anthropologique du type contestataire américain. Dans l'hypothèse, enfin, où l'idéologie réformiste occuperait seule toute la place, on devrait peut-être entrer de force dans un modèle de révolution sociale de type travailliste britannique ou socialiste suédois [8].

Dans les trois cas, ces modèles colleraient plus ou moins à la réalité québécoise et ne satisferaient pas entièrement à ses exigences révolutionnaires. Car chacun de ces modèles, pris en lui-même, m'appa-

7. Herbert Marcuse, « Réexamen du concept de révolution », dans *Diogène,* octobre-décembre 1968, p. 21-32.
8. Pierre Rivard montre bien, dans une « libre opinion » exprimée au *Devoir,* que le Parti québécois s'inspire du modèle social suédois avec, à son avis, plus ou moins de succès, d'ailleurs. Cf. *le Devoir,* 10 mars 1970, p. 5.

raît incomplet et imparfait par rapport aux besoins de changement du Québec. Le modèle économique de type marxiste serait à la fois irréaliste et prématuré, en faisant fi complètement des cadres économiques actuels du Québec et en court-circuitant le facteur politique par le facteur économique. Le modèle anthropologique de type américain risquerait de s'inscrire en marge de la vraie société et de s'y consumer en gestes individuels inefficaces. Quant au modèle social de type travailliste, il pourrait à peine provoquer une vraie révolution et pourrait facilement faire retomber le Québec dans les mêmes vieilles ornières.

En conséquence, la nécessité s'impose à mes yeux de maintenir et, encore mieux, de développer les trois idéologies qui composent le sur-moi indépendantiste des jeunes. Leur confrontation incessante, la dialectique de leur complémentarité et de leur opposition n'en produira que des résultats plus riches et plus adaptés aux aspirations subjectives et aux besoins objectifs de la révolution québécoise. Dans ce domaine, la diversité des approches n'est pas à craindre, même si elle entraîne certaines divisions, voire certains conflits. C'est plutôt de l'idéologie uniforme et monolithique que viendraient les dangers les plus redoutables. Au fond, le brassage des trois idéologies présentes ne fait que préparer le terrain à l'éclosion d'une révolution générale vraiment coupée à la mesure du Québec le plus authentique.

MANIFESTATIONS ARTISTIQUES DE LA RÉVOLUTION CULTURELLE

Depuis ses débuts, à partir même du manifeste de Borduas jusqu'à nos jours, la révolution de la jeunesse québécoise éclate largement et de façon tout intense dans de multiples expressions de l'art. En ce sens aussi, cette fois plus limitatif, elle est culturelle par ses manifestations et ses racines artistiques. Par là, elle rejoint encore les couches les plus profondes du ça québécois et de ses énergies vitales et créatrices. En effet, l'art n'est souvent qu'une sublimation, sur le plan esthétique, d'immenses ressources libidinales qui sentent le besoin de s'exprimer au dehors.

Il est tout à fait remarquable — on ne l'a pas assez souvent et assez fortement souligné — que la très grande majorité de nos artistes québécois, que ce soit dans le domaine de la chanson, du cinéma, de la radio, de la télévision, du théâtre, de la poésie, de la musique, du roman ou des arts plastiques, soient indépendantistes et surtout, en tant que groupe social bien défini, aient été parmi les tout premiers à l'être. Il y a là plus qu'une simple coïncidence. L'artiste, par son intuition créatrice qui pénètre dans la réalité au-delà du raisonnement, souvent saisit ce qu'il y a de plus intime et de plus essentiel, non seulement dans son âme propre, mais aussi dans celle de ses concitoyens et de son pays. C'est ce qui s'est produit chez nous. Nos artistes québécois ont vite perçu le lien vital qui unissait l'indépendance politique du Québec au besoin de libération et de révolution, à la fois personnelle et sociale, qu'ils ressentaient vivement. Le fond du ça créateur qui veut s'abouter, à travers le moi, à un sur-moi approprié à ses besoins et taillé à la mesure de ses aspirations et de ses ressources, ce sont eux qui les premiers, au Québec, l'ont appréhendé et exprimé avec autant de lucidité et de passion.

L'aventure poétique de Gaston Miron est extrêmement révélatrice, à ce sujet. Il le confiait lui-même récemment, sa démarche poétique fut, dès le début, globalement et indissolublement associée à la libération sociale et politique du Québec [9]. Cette démarche, d'ailleurs, fut celle de presque toute la poésie québécoise, et elle s'est fait jour particulièrement à travers l'œuvre poétique étonnante de la revue *Liberté* et des éditions de l'Hexagone, fondées en 1952. Gaston Miron fut intimement mêlé à cette création de l'Hexagone ainsi que, du reste, à celle du mouvement Parti pris qui, lui, œuvra sur un plan plutôt idéologique et conceptuel.

Gaston Miron notait, de plus, avec juste raison, que la poésie québécoise avait joué, de 1956 à 1965, un rôle de suppléance. Car, à cette époque, seuls les poètes investissaient dans le projet global de notre identité collective et de notre indépendance politique. De telle sorte que graduellement la poésie canadienne-française disparaissait, à l'instar du sur-moi canadien-français, pour laisser toute la place à la poésie maintenant québécoise, exactement comme le sur-moi est devenu québécois. Au demeurant, la symétrie chronologique qui existe entre l'évolution de la poésie du Québec et celle du sur-moi indépendantiste dépasse le simple parallélisme. Tous les deux s'alimentent à la même source !

---

9. Interview de Gaston Miron, par Jean Basile, publiée dans *le Devoir*, 18 avril 1970, p. 15.

Maintenant que le projet collectif du sur-moi indépendantiste est en voie d'autodétermination et que le rôle de suppléance de la poésie s'est vu assumé par une action sociale et politique plus structurée, les poètes n'en continuent pas moins leur œuvre révolutionnaire. Un événement comme la récente Nuit de la poésie, laquelle s'est tenue au théâtre du Gesù, possède en lui-même une force de frappe révolutionnaire encore plus grande, peut-être, que celle de bien des manifestations politiques. Ceux qui entendent résister à tout prix à la révolution du Québec feraient bien d'en prendre bonne note.

Le phénomène de la chanson québécoise est aussi digne d'attention. À peu près tous les grands chansonniers du Québec, sauf un certain nombre qui se situent à un niveau plus commercial et dont la cote d'écoute est plus élevée surtout dans les couches populaires, non seulement s'engagent par leurs chansons dans la libération du Québec, mais encore travaillent, comme indépendantistes, à la réalisation de ce projet, souvent de façon bénévole et en plus de leur horaire normal de chansonniers. C'est peut-être là un fait unique dans les annales des partis politiques que le Parti québécois ait réussi, lors de la dernière campagne électorale, à mobiliser les meilleurs de nos chansonniers pour chanter, à l'échelle du Québec, la cause de l'indépendance. Il n'y a pas de meilleur trait d'union entre le ça et le sur-moi d'une société ! Quand des personnes comme Gilles Vigneault, Pauline Julien, Jean-Pierre Ferland, Georges Dor, Claude Léveillée, Raymond Lévesque, Yvon Deschamps, pour ne nommer que ceux-là, se livrent passionnément à la tâche de libérer le Québec, et quand la plupart des jeunes considèrent ces figures comme de véritables porte-parole québécois, on peut assurément dire que le sur-moi de la jeunesse québécoise est indépendantiste !

Le roman québécois se rattache lui aussi à la révolution du Québec et y contribue pour une large part. Qu'il suffise ici de mentionner les noms, entre plusieurs autres, d'Hubert Aquin, de Claude Jasmin, de Jacques Godbout, de Jacques Ferron dont la pensée révolutionnaire et les combats indépendantistes sont bien connus du public. Au sujet des romanciers, il est peut-être significatif que les deux Québécois qui ont eu le plus de retentissement mondial, surtout en France (sans que nécessairement leur cote de prestige et de popularité soit aussi forte ici), se trouvent être les deux écrivains les plus isolés du Québec, les moins engagés dans ses luttes politiques et sociales. L'une, Marie-Claire Blais, vit complètement en dehors du Québec, aux États-Unis, dans une espèce de monde physique et humain à elle toute seule ; l'autre, Réjean Ducharme, demeure au Québec, mais comme s'il n'y vivait pas, tout emmuré qu'il est dans une sorte de silence et d'hermétisme intemporels.

Le cinéma québécois entre dans la ronde de la révolution culturelle surtout par la porte secrète de l'*underground*. Depuis le printemps 1968, fonctionne à Montréal un Centre du film *underground*, fondé par Dimitri Eipides et Claude Chamberland. Ce genre de cinéma se développe à l'extérieur du circuit commercial. D'avant-garde et indépendant, il ne veut pas souffrir de compromis avec les formes traditionnelles du cinéma. À cette fin, il se fait résolument expérimental et exploite à fond l'effet visuel, comme si le film devenait un prolongement de la peinture. Les idées révolutionnaires y passent quand même, surtout concernant le sexe et la drogue. Par son caractère fortement marginal, par l'influence qu'il subit du cinéma *underground* américain particulièrement florissant à New York, ce mouvement esthétique évolue nettement dans l'orbite de l'idéologie libertaire de type américain.

Le théâtre québécois, lui, du moins dans les pièces toutes récentes de Françoise Loranger, de Michel Tremblay et de la troupe du théâtre de Quat'Sous (*v. g. T'es pas tannée, Jeanne d'Arc*), penche du côté de l'idéologie militante, engagée dans l'action sociale et politique. La situation québécoise y est dépeinte souvent avec virulence ; on met férocement à nu, de préférence avec le concours des spectateurs, les complexes de minoritaires et de colonisés qui tenaillent encore une bonne partie de la population. Ce courant radical se conjugue d'ailleurs au courant, de forme plus libertaire et sexuelle, qui s'exprime par la voie du *happening* ou du *free theatre* et qui a donné lieu à la naissance du nouveau théâtre américain, analysé avec finesse et sympathie par Franck Jotterand dans son volume qui paraîtra prochainement [10].

On pourrait aussi évoquer les expressions musicales révolutionnaires de Robert Charlebois et de Raoul Duguay dans son groupe de l'Infonie [11], faire ressortir les nouvelles orientations artistiques qui se dessinent chez les étudiants en lettres et des beaux-arts à l'Université du Québec à Montréal, souligner la vogue qui tend à s'implanter chez nous des festivals *pop* à la *Woodstock*, tout cela, en somme, ne ferait

---

10. Frank Jotterand, *le Nouveau Théâtre américain*, à paraître prochainement aux éditions du Seuil, à Paris, dans la collection « Points ». Cf. *le Figaro littéraire*, n° 1257, 22-28 juin 1970, p. 17-19.
11. Raoul Duguay, *Manifeste de l'Infonie*, Montréal, Editions du Jour, 1970.

qu'apporter des confirmations supplémentaires à une réalité sociale déjà bien évidente au Québec : à savoir que la révolution culturelle y prend des formes artistiques multiples, au caractère bouleversant, qui tendent toutes, d'une manière ou de l'autre, à renforcer le sur-moi indépendantiste et ses aspirations socio-politiques.

VESTIGES RELIGIEUX DE LA RÉVOLUTION CULTURELLE

La révolution culturelle de la jeunesse québécoise, nous l'avons vu, implique le paradoxe à la fois d'une coupure franche d'avec le sur-moi nationaliste et religieux et d'une continuité quand même vitale avec le vieux fonds québécois de recherche de soi et de son identité collective. À cause de cette ambivalence foncière, la révolution de la jeunesse n'est pas encore parvenue, malgré peut-être sa volonté consciente de le faire, à rejeter de son système tous les vestiges religieux qui traînent, épars, dans son sur-moi. Bien plus, elle affiche parfois certaines caractéristiques qui nous laissent croire qu'elle vit encore du messianisme d'autrefois, même s'il s'incarne sous des dehors bien différents. Jacques Grand'Maison soutient, à bon droit, que le fait religieux a marqué sérieusement la culture québécoise et y a laissé des traces profondes dans son inconscient. « L'influence religieuse est sans doute absente dans le champ de conscience de la plupart des Québécois, mais elle joue profondément dans l'inconscient individuel et collectif [12]. »

Il est avéré que l'idéologie religieuse et nationaliste du Québec d'antan se présentait tout particulièrement sous le visage du messianisme et affectionnait de façon spéciale les thèmes qui s'y rattachaient. Il en reste encore bien des vestiges, au sein même de la révolution courante. Le moindre d'entre eux n'est pas celui du triomphalisme. On l'a dénoncé maintes fois à propos de l'Église catholique. Il se transpose maintenant sur le plan purement profane du sur-moi indépendantiste.

Récemment encore, les adversaires de l'indépendance du Québec reprochaient fréquemment à ses partisans de proclamer le triomphe trop facile et presque magique du Québec sur toutes les vicissitudes, surtout économiques, qui résulteraient de cette indépendance. En fait, spécialement durant les cinq premières années de l'indépendantisme, on avait

---

12. Jacques Grand'Maison, *Nationalisme et Religion*, t. **II** : *Religion et Idéologies politiques*, Montréal, Beauchemin, 1970, p. 36.

tendance à le présenter comme la solution-panacée, la solution-miracle capable d'elle-même de résoudre tous les problèmes et d'apporter au Québec un bonheur presque paradisiaque. L'indépendance était pratiquement idéalisée au rang de fin suprême ; elle constituait la Terre promise vers laquelle se diriger, le nouvel Éden où planter sa tente. Depuis, on est revenu à une conception plus saine de l'indépendantisme. Mais il subsiste toujours, au sein du sur-moi indépendantiste, comme une conviction secrète que l'indépendance va triompher de tout, même des difficultés économiques les plus sérieuses, que, par son avènement, le Québec va pouvoir enfin réaliser sa vraie mission et se tenir debout, seul pays francophone et socialiste au milieu de cette terre étrangère de l'Amérique du Nord. En réalité, la mission « spirituelle » et catholique de Mgr Paquet n'a fait que se laïciser : elle est maintenant devenue la mission francophone et socialiste du Québec !

Le triomphalisme révolutionnaire des jeunes (il existe d'ailleurs aussi chez les « vieux » indépendantistes !) ne s'explique pas uniquement par la folle exubérance, par l'enthousiasme, précisément qualifié de « juvénile », qu'on leur attribue communément. Il plonge ses racines dans le terroir religieux québécois qui s'en nourrissait quotidiennement. Le fait que ce triomphalisme s'exprime souvent (c'est le revers de la médaille !) en xénophobie et en antisémitisme en est la confirmation. Les jeunes indépendantistes ne font peut-être pas preuve de plus de préjugés et d'attitudes discriminatoires que les non-indépendantistes, mais mon hypothèse est qu'ils n'en font pratiquement pas moins. Les deux groupes, en somme, se relient à une même tradition religieuse québécoise où l'immigrant (surtout personnifié alors par l'Anglais protestant) était perçu comme un intrus, voire comme un ennemi, et où le Juif représentait le traître déicide et le maudit de Dieu.

Le messianisme n'est pas seulement enclin au triomphalisme et à l'exclusivisme ; il verse aussi assez facilement dans le dogmatisme. Ici encore, la jeunesse révolutionnaire du Québec exhibe des signes d'un esprit messianique qui s'est alimenté aux sources de la religion catholique telle qu'elle s'est enseignée et vécue chez nous. Le catholicisme québécois a toujours vigoureusement insisté sur la force irréfragable des dogmes, sur leur valeur absolue, sur leur autorité incontestable. Pour s'en rendre compte, il suffit de consulter les manuels de philosophie et de théologie catholiques en cours jusqu'en 1960. Ceux qui avaient mission d'enseigner les dogmes devaient donc être écoutés religieusement. Le droit de dissidence ou de critique à leur égard ne pouvait être toléré, encore bien moins admis officiellement. On fulminait très tôt l'excommunication contre qui osait contester ouvertement cette autorité, ou même tout simplement soulever des doutes à son sujet. L'autorité qui défendait les dogmes héritait des caractères mêmes de ceux-ci ; elle devenait elle aussi dogmatique, intolérante, absolue.

On retrouve de ces traits chez plusieurs tenants de l'une ou l'autre des trois idéologies qui composent le sur-moi indépendantiste. Il n'est pas rare, en effet, à l'intérieur des discussions ou des manifestations qui regroupent des indépendantistes (qu'ils soient seuls ou avec d'autres), d'assister à des explosions d'intolérance et de dogmatisme. Quelqu'un qui ose critiquer un dogme de l'idéologie ou même simplement en atténuer la portée est vite hué, conspué, cloué au pilori. On tolère difficilement des énoncés de faits qui viendraient embarrasser la dialectique de l'idéologie ; on préfère les écarter aisément du revers de la main plutôt que de sacrifier à l'absolu idéologique. Les manifestations de toutes sortes qui se sont déroulées à l'occasion de la lutte contre le bill 63 ont fourni maintes illustrations de cette tendance au dogmatisme. Là aussi on a veillé jalousement à l'orthodoxie de la pensée, à son caractère monolithique, en pourfendant toutes les hérésies ou les schismes possibles.

Si, d'après Stéphane, la contestation globale contient en elle-même des ressemblances frappantes avec l'univers religieux du christianisme [13], la chose est d'autant plus vraie pour la révolution culturelle de la jeunesse québécoise qui, elle, émane, à travers de multiples transformations, des nappes souterraines du nationalisme religieux d'autrefois. Voilà pourquoi il n'est pas étonnant de déceler en elle des restes d'un messianisme qui, pour n'être plus directement religieux comme auparavant, n'en conserve pas moins, à certains égards, les caractères de triomphalisme, d'exclusivisme et de dogmatisme. Cela signifierait, en somme, un prolongement, chez les jeunes, de la mentalité propre à la société traditionnelle québécoise du passé, prolongement qui se situerait au niveau des attitudes collectives inconscientes. Car, dit Pereira de Queiroz, le messianisme « porte le signe des sociétés traditionnelles, formées par des unités sociales de petite envergure [14] ». Or, c'est préci-

---

13. André Stéphane, *op. cit.*, p. 58-84.
14. M. I. Pereira de Queiroz, *Réforme et révolution dans les sociétés traditionnelles, histoire et ethnologie des mouvements messianiques,* Paris, Anthropos, 1968, p. 355.

sément à l'âge d'or des paroisses et des collèges classiques qu'il s'est formé chez nous, au moment où la famille et le lignage jouaient un rôle prépondérant. « On les [messianismes] retrouve toujours associés avec un type bien défini de société : la société ordonnée d'après le système des lignées [15]. » C'est ce messianisme du passé essentiellement religieux, nationaliste et familial (les trois systèmes utilisent en abondance le lignage !) que l'on peut voir encore à l'œuvre dans la révolution des jeunes, non plus avec le même contenu, il est vrai, mais souvent avec les mêmes formes mentales et les mêmes structures affectives.

MORALISME, NATURISME ET PRAGMATISME

On pourrait synthétiser l'essence de la révolution culturelle des jeunes Québécois de la manière suivante. Elle tiendrait dans un combat à mort des trois Horaces du moralisme, du naturisme et du pragmatisme contre les trois Curiaces du cynisme, de l'artificialisme et de l'opportunisme. On a souvent parlé du fossé qui sépare les jeunes générations des anciennes, des conflits aigus qui s'élèvent entre la mentalité nouvelle et la mentalité traditionnelle. Le fond du problème, je crois, réside dans le fait que le sur-moi indépendantiste met actuellement en relief trois attitudes : le moralisme, le naturalisme et le pragmatisme, qui entrent directement en opposition avec celles qui inspirent un grand nombre d'adultes dans leur vie économique, sociale et politique : le cynisme, l'artificialisme et l'opportunisme.

Le moralisme est surtout souligné par l'idéologie radicale et militantiste. Engagée plus intellectuellement dans l'action sociale et politique, elle a besoin de valeurs ou de principes plus purs, de normes plus nettes et plus contraignantes, d'objectifs plus vastes et plus significatifs. Elle abhorre donc le compromis sous toutes ses formes. L'idéal doit triompher dans toute sa splendeur, sa justice et sa sincérité. Pour y arriver, il faut marcher en droite ligne, avec courage, intégrité et dévouement absolu à la cause. Une telle idéologie, essentiellement moraliste, attirerait des types d'homme à la Proudhon et s'incarnerait surtout dans des petits groupes ou cellules du genre du Front de libération du Québec (FLQ) ou du Front de libération populaire (FLP). Ce moralisme veut en finir avec le cynisme des adultes qui bafoue les règles les plus élémentaires de la justice, surtout lorsqu'il s'agit des

15. M. I. Pereira de Queiroz, *op. cit.*, p. 313.

pauvres et des faibles. En vertu du pouvoir qu'il détient, l'adulte cynique défend l'ordre établi, même si ce dernier implique un désordre profond, et gagne sa cause par la violence mentale et psychique, par le viol des consciences et de la morale, au nom de la loi positive. *Summum jus, summa injuria.* C'est contre cette injustice cynique que se bat le moralisme radical, au fond essentiellement pacifiste, même au cœur de la violence physique qu'il peut utiliser.

Le naturisme relève davantage de l'idéologie libertaire et anarchique. Celle-ci veut secouer les chaînes trop pesantes et trop blessantes du conformisme social. Elle désire se libérer du rouleau compresseur de la société technocratique et bureaucratique à outrance. Voilà pourquoi elle aime à retrouver la nature sauvage, brute, sans fard ni masque (c'est, par exemple, le sens profond de la tendance des filles de type libertaire à ne pas utiliser de *make up*). L'idéologie libertaire veut redécouvrir la liberté de vie, la spontanéité d'action, le pouvoir créateur de la jouissance et de l'amour. Le naturisme qu'elle professe s'inscrit donc en faux contre l'artificialisme « rond-de-cuir » de l'adulte ouvrier, ou fonctionnaire, ou technocrate, ou *organization man,* soumis à la machine bureaucratique ou à l'ordinateur qui le manipule et de qui il devra attendre les orientations maîtresses de son destin. Le naturisme, en somme, séduit les Jean-Jacques Rousseau en révolte romantique contre la société. Il se concrétise, entre autres, dans les chapelles de hippies et dans les groupes de « communes ».

Le pragmatisme enfin ressort du domaine de l'idéologie réformiste. Peu encline aux grandes synthèses intellectuelles, aux visions globales du monde et de sa signification, cette idéologie aspire à la révolution au jour le jour, quotidienne, dans la voie du progrès incessant et graduel, par le moyen de la double norme de maximisation des énergies et de minimisation des pertes ou dépenses. La révolution réaliste, se construisant de bas en haut, et non la révolution intellectuelle, descendant en ligne directe de la stratosphère des concepts : telle est la règle d'or du pragmatisme. C'est l'idéologie de la « non-idéologie » !

Le pragmatisme est plus susceptible ainsi de se retrouver parmi les membres de groupes comme les Comités de citoyens ou d'ouvriers ou comme le Parti québécois et d'exercer son pouvoir d'attraction sur des personnes du type Robert Owen. Par son action désintéressée, méthodique et persévérante, à courte portée dans l'immédiat mais sans cesse polarisée par l'objectif révolutionnaire jamais perdu de vue, le pragmatisme s'oppose à l'opportunisme mesquin et flottant de ceux parmi les adultes qui ne recherchent que leurs intérêts propres, au fil des circonstances mobiles et au gré de leurs pulsions narcissiques. La vénalité, la courtisanerie, la trahison de soi, la pleutrerie, la fatuité de la gloire et de l'ambition désordonnée sont autant de caractéristiques de l'opportunisme qu'on peut souvent constater chez les adultes et que rejette le pragmatisme de la jeunesse réformiste.

La révolution culturelle des jeunes du Québec, en termes d'attitudes et de sentiments intérieurs, peut donc se traduire en un combat violent et fatidique des forces du moralisme, du naturisme et du pragmatisme contre celles du cynisme, de l'artificialisme et de l'opportunisme. À ce niveau, la lutte entre les générations n'est plus seulement extérieure. Elle se poursuit jusqu'au cœur des individus qui en devient le lieu dramatique et décisif. Qui se surprendrait alors du caractère cruel, parfois féroce, de cette bataille ? L'enjeu en est total : il engage autant la révolution des cœurs que celle des esprits, des corps et des structures !

CONCLUSION

Au terme de cette analyse, la révolution de la jeunesse québécoise apparaît donc à la fois une, profonde et diversifiée. Elle est une, parce qu'elle est contenue entièrement, en dernière analyse, dans la révolution que représente le sur-moi indépendantiste des jeunes. Ce n'est plus un sur-moi nationaliste qui les meut et qui les gouverne, c'est strictement un sur-moi indépendantiste. Pour autant, la clef de voûte de tout l'édifice « révolutionnaire » actuel me semble résider dans la révolution socio-politique de la jeunesse. C'est elle qui explique, inspire et unifie les autres révolutions.

À cet égard, je crois qu'il devient abusif de parler encore de nationalisme à propos des jeunes. Si la réalité nationaliste s'applique encore à de larges couches de la population québécoise, elle perd sa signification propre lorsqu'elle est attribuée à la jeunesse. Celle-ci, dans son sur-moi, n'est plus nationaliste ; elle est devenue indépendantiste. C'est d'ailleurs ce qui constitue l'élément capital et décisif de la révolution des jeunes. Elle implique d'abord et avant tout un idéal de prise en main par le Québec de sa propre destinée politique et sociale, et par là de son développement économique et de sa promotion culturelle. Cette seule aspiration à l'indépendance suffit à marquer le caractère proprement révolutionnaire du sur-moi des jeunes et à le distinguer radicalement du sur-moi nationaliste encore présent chez un grand nombre d'adultes québécois.

La révolution de la jeunesse du Québec est profonde, parce qu'elle atteint, par le sur-moi indépendantiste, les fibres mêmes de son être, au plus intime de son inconscient et jusque dans les abîmes impénétrables de son ça et des pulsions instinctuelles qui y palpitent. Le sur-moi se rattache toujours au ça. Celui des jeunes Québécois s'alimente directement à la source vitale du ça sexuel et autoconservateur. C'est vraiment ici une question de vie ou de mort. Voilà pourquoi bien des jeunes sont prêts à lutter jusqu'au bout pour l'indépendance du Québec. C'est une lutte du cœur et des tripes, autant que de la tête et des bras ! On ne peut y répondre ou s'y opposer par de purs arguments cérébraux, encore moins par le terrorisme psychologique ou par la répression physique.

Malgré son unité profonde, la révolution de la jeunesse québécoise reste étonnamment complexe et diversifiée. Elle éclate sur bien des fronts à la fois. Elle jaillit en explosions sexuelles, en contestation scolaire, en révolte contre la domination économique de l'étranger. Elle se nourrit de multiples emprunts aux modèles révolutionnaires étrangers, en même temps qu'elle s'alimente à ses propres ressources. Il en résulte un brassage incroyable d'idées, de courants d'action, de sentiments qui rendent la situation du Québec extrêmement confuse, instable et explosive. On a peine à s'y reconnaître dans ce grouillement de forces, tantôt convergentes, tantôt divergentes. Le Québec, par ses jeunes, se trouve le théâtre d'une véritable dialectique révolutionnaire, où l'unité se compose dans la multiplicité et dans l'opposition.

Autant dire que le sur-moi indépendantiste des jeunes, qu'il soit radical, libertaire ou réformiste, possède un dynamisme et un pouvoir détonateur très puissants. On a souvent tendance à considérer le sur-moi comme une force surtout régulatrice et inhibitive. Ce n'est pas le cas du sur-moi indépendantiste des jeunes. Il m'apparaît au contraire déclencher dans leur pensée, leur affectivité et leur action, des forces incroyables de propulsion. C'est comme un raz de marée qui va tout emporter sur son passage et ne s'arrêter que sur les épaves d'une société détruite à remplacer par une société nouvelle.

Voilà pourquoi c'est ma conviction la plus forte et la plus intime, par suite de cette analyse, que l'indépendance politique du Québec se fera un jour et prochainement, quoi qu'il arrive et quoi qu'il en coûte.

Je ne crois pas qu'il faille lui fixer une échéance dans le temps. Il me semble au contraire que c'est là pour le Québec un mouvement inévitable, irréversible. La jeunesse a passé le seuil du simple nationalisme. L'indépendance du Québec ne peut pas ne pas se réaliser. Je crois même que plus vite elle poindra, moins les dommages de tout ordre seront considérables. De toute façon, elle m'apparaît aussi inéluctable qu'un lever de soleil ou l'annonce d'un nouveau printemps !

TABLE DES MATIÈRES

*Achevé d'imprimer
sur papier Rolland zéphir antique
à Montréal, le 22 octobre 1970
par Thérien Frères (1960) Limitée*